大都會文化
METROPOLITAN CULTURE

大都會文化
METROPOLITAN CULTURE

溝通

沒有解不開的結

Communication

前言 006

第一章 誤會產生的原因 009
在我們的生活中，誤會往往是難以避免的，它給我們帶來了很多麻煩。我們需要好好地想一想，這些誤會都是因為什麼而發生的。

第二章 小心，誤會就在你身邊 027
朋友、戀人、夫妻……往往都是心有靈犀的，但是我們也不得不承認，即便是肝膽相照的好友、朝夕相處的戀人，也會因為誤會變得非常不愉快，甚至彼此傷害，造成終生的遺憾。

第三章 善於溝通，表達零障礙 045
誤會，往往是因為說出來的話，引起了別人的誤解才造成的。所以，我們需要格外注意溝通的技巧，避免誤會的發生。

第四章 聽的妙用 071
仔細聆聽對方的話，可以更加準確地捕捉對方的想法和意圖，達成良好的溝通，這樣，就會在很大程度上避免誤會的產生。

第五章　溝通是解決誤會的良藥　095
誤會的發生，是無法避免的。問題是當誤會產生的時候，應該怎樣來解除呢？溝通就是最有效的方式。

第六章　減少誤會，工作更輕鬆　123
誤會對工作的影響不可估計，它有可能會讓工作停滯不前，也會讓周圍的同事認為你是個無能之人，總而言之，對你的發展相當不利。

第七章　化解上司誤解的策略　165
和上司發生誤會可能是最可怕的誤會了！因為這不僅會耽誤工作，也有可能讓上司對你產生誤解，進而影響你將來的發展。

第八章　情感溝通　205
情感溝通也是溝通的一種，它能軟化人與人之間的關係，減少摩擦。主動付出你的關懷，日久天長，必會得到對方語言上、行動上甚至情感上的回饋。

前言

許多人在與人說話、聽人說話，和理解別人的言詞、肢體語言及感情上，經常出現雞同鴨講的情況，如此的溝通不良，自然會產生或大或小的誤會，這對我們的事業和人際關係，都會造成極差的影響。

這絕對不是危言聳聽，因為誤會所衍生出來的惡果和悲劇，我們已經看得太多太多。因為誤會，可能會引起工作上的分歧，造成團體和個人無法估計的損失；因為誤會，可能會讓別人誤解自己的人品，成為大家背後指指點點的對象；因為誤會，可能會讓多年志同道合的朋友分道揚鑣；因為誤會，可能會讓如膠似漆的戀人勞燕分飛……

要想避免誤會，就要多注意與對方的溝通，這往往是解除誤會最簡單也最有效的方法。但溝通並不是大家坐下來，你一句、我一句，各自將要說的話說完就好，你還要會說、會聽、會問、會讀懂別人的話中之意，只有表達和理解都正確了，才能達到溝通的效果。

無數次經驗已經告訴了我們，千萬不要把事情藏在心裡，按照自己的想法進行推測，這樣做只會使誤會不斷加深，不但無法消除誤會，還會把誤會造成的損失無限擴大，等到有一天，當你發現一切只不過是因為溝通不良的時候，即便想要挽回，恐怕為時已晚。所以，及時、有效的溝通，對我們每一個人都是有百利而無一害的事情。

在日常生活、工作中，如果小看了誤會這條毒蛇，它就可能吞噬掉你周圍的一切，甚至是你自己。為了避免造成不必要的損失，避免造成終生遺憾的悲劇，在與人往來溝通時，一定要隨時注意不要產生誤會，不要輕易地誤解他人，更不要被別人誤解。

CHAPTER 1

誤會產生的原因

在我們的生活中，誤會往往是難以避免的，它給我們帶來了很多麻煩。我們需要好好地想一想，這些誤會都是因為什麼而發生的。

習慣差異造成誤會

如果你在餐廳點一杯啤酒，卻赫然發現啤酒裡有一隻蒼蠅，你會怎麼辦呢？碰到這種情況時，英國人會拿出紳士風度對侍者說：「換一杯啤酒來！」法國人會將杯中物傾倒一空；西班牙人不去喝它，只留下鈔票，不聲不響地離開餐廳；日本人會去叫侍者把餐廳經理叫來訓斥一番，「你們就是這樣做生意嗎？」美國人則比較幽默，會向侍者說：「以後請將啤酒和蒼蠅分別放，由喜歡蒼蠅的客人自行將蒼蠅放進啤酒裡，你覺得怎麼樣？」

這非常形象地概括出不同的民族處在同一環境下，接受相同刺激時的不同反應。雖然他們的價值取向是相同的，但表現方式卻各具特色，追究其根源是各國民族的心理不同造成的。

現代社會中，人與人的交往越加密切了，也許你的朋友之中就有來自不同國家、民族的人，在外商公司中這種現象最為普遍。如果你身邊的人和你並不是同一個國家或民族的人，與他們相處時你一定要小心注意，尤其要尊重對方的民族習慣與想法，不要以自己的想法去衡量、揣摩對方。瞭解對方的民族習俗與想法，對你非常重要，如果你不去瞭解、尊重，那麼你很可能會無法與同事友好地溝通、相處。

華人強調社會對個人的約束，歷來以謙虛為美德，就是主張個人與社會的協調性。美國是個重視個人獨立性的國家，因此，美國人通常更願意直截了當和坦率地表示個人的意見，喜歡直來直往，容易對東方人所說的，往往是不切合實際的「自謙詞」難以理解，他們只是按照自己的思維方式來理解字面的涵意，自然會引起誤會、衝突。

如果有人走進美國一家公司的經理辦公室說：「我能力有限，請你雇用我。」那一定會被拒之門外。「能力有限，我雇用你幹什麼？」經理往往還很不高興，認為你的話侮辱了公司，好像他們公司只配雇用能力有限的人。假使你振振有詞地申述你的工作能力，他們反而會很樂意雇用你。

若我們身邊有各種不同國家、民族的同事，我們說話辦事時一定要考慮對方的民族心理，只有這樣我們才能處理好與這類同事的關係。

感知差異產生誤會

感知是人類認識事物、世界的基礎，它是人類獲得來自外界環境和自身內部各種資訊的主要管道。心理感知對於人與人之間的交往會有較大影響，感知的不同常常會阻礙人與人的交流。

因此，我們在與人相處時，瞭解對方的心理感知十分重要，在日常工作和生活中一定要注意這一點；否則的話，很可能造成誤會，影響你與他人之間的關係，給他人留下不好的印象。曾任美國總統的吉米·卡特就有過這方面的教訓：

一九七六年的美國，經過激烈的競選，吉米·卡特終於戰勝了福特，入主白宮就任總統。上任後不久，卡特在白宮發表電視談話。可能是他想給美國人民一個全新的印象吧，他一改以往總統的穿著習慣，想在穿著打扮上表現出一副無拘無束的樣子。在電視直播的螢幕前，當著全國電視觀眾的面，他竟不穿禮服，而是穿打著領帶的羊毛衫，下身著一條藍色工裝褲。

這位美國總統的本意，是想把最高層次權力者的形象變得更具親和力，進而使人們覺得總統和我們是一樣的，是一位衣著隨便的平民。可是後來，卡特卻遭到人們的非議。因為在美國，許多人並不喜歡總統這樣隨便，他們認為藍色工裝褲和色彩斑駁的羊毛衫，表示著治理國事的人是牧童嬉皮客，而讓嬉皮客來治理國家是令人不放心的。後來，卡特總統再也不敢穿這樣出現在公眾面前了。

在上例中，吉米．卡特沒有準確把握好大眾心理以至弄巧成拙。事實上，卡特是認真地考慮過公眾感受的，但這種心理上的差異導致了最後的失敗，而這種心理感知的差異，是造成日常人際關係交往障礙的原因之一。

因此，我們在與他人相處、溝通時，千萬不要把自己的心理感知強加在對方身上。只有瞭解到這種心理感知的差異，並且準確地把握對方的心理、心態，你才能避免不必要的誤會。

態度造成誤會

我們身邊有些人的脾氣實在是太差了，一點火就爆發，我們大可不必與他們發生衝突。當然了，也用不著過於委屈自己，與這種人相處，必須要講究一定的方式，並且還應該遵循一定的原則。

我們都知道，個性比較急的人在看待問題和處理問題時，一般都不是以客觀事實為基礎的，他們大多不講道理，甚至缺乏理智。瞭解他們的這些特點以後，我們在實際生活和工作中，遇到這種不講理的人時，要保持足夠的冷靜和理智，絕不要以粗暴的態度對待他們，更不能像他們一樣不講道理。如果我們不能好好地控制自己的情緒，那麼只會出現令雙方都不愉快的局面。

某報社的志強、建中都是同一個辦公室的編輯，有一次建中因為一些事情被報社的上司嚴厲地批評了一頓。回到辦公室，志強看他臉色不對，就關心地問他，「出什麼事情了，是不是哪裡不舒服呀？」

志強本來是好意，可沒想到聽了他的詢問後，建中竟然蠻橫地說：「你就希望我出事是不是？我被上司批已經夠倒楣的了，你居然還想讓我身體出毛病，你這個人真是夠狠的！」

聽到建中的話以後，志強忍不住發火了，「你這個人講不講道理？我好心好意問你，你居然不識好歹，活該你被批！」

就這樣，一來二去地兩人吵了起來，直到現在還沒和好，而且辦公室裡的其他同事也和他們很少來往，因為大家覺得這兩個人都不太講理、很難相處。

由此可見，與脾氣比較大的同事相處時，一定要保持冷靜，任何情況下都不要像對方一樣喪失理智，絕不能與他們硬碰硬。如果以粗暴的態度來相待，那只會加重事態的惡化，對事情的解決起不了任何作用。

既然不能以粗暴的態度對待這些人，那麼在遇到這樣的人時，我們就該任其誤解自己，讓自己委曲求全嗎？答案當然是否定的，我們應以「理」相待，避免誤會。

中庸一點少誤會

人與人之間無法融洽相處，造成水火不容的原因，往往是彼此缺乏溝通，產生誤解，心中的怨恨與日俱增所致。一個得到下屬愛戴的上司，除了具有知人善任的本事外，更重要的是以誠待人，鼓勵下屬隨時隨地提出具有建設性的意見，盡力幫助他們解決工作上的疑難雜症，務求把難免的誤解與紛爭，減至最低限度。

每個人其實都有自我，差別只在於自我中心之強弱多寡。我們常常看見有些人把自己的人際關係弄得非常惡劣，上司對下屬諸般虐待，不是強迫他們完成種種他們沒有興趣的工作，就是拿自己看不順眼的人當作發洩對象，對他們諸多挑剔及侮辱。而下屬對上司也是惡言相向，對上司指派的工作或陽奉陰違、或辦事不力，故意把工作做壞，這些都是雙方缺乏溝通的結果。大家都把大部分心力花費在對付自己不喜歡的人身上，公報私仇，對於公司的前途毫不關心，實在有違辦公室的敬業樂業精神。

有時只為了一口氣，人們不自覺地犯了小題大做的毛病，不懂得凡事看開一點，忍耐一點的道理，非要在口舌方面贏對方，結果兩敗俱傷，徒惹他人竊笑。

聰明的上司採取中庸之道，無論下屬做錯什麼事情，也不會當眾把對方大罵一頓，只以較為含蓄的方式，使下屬明白自己的過錯，給他一個將功贖罪的機會，其他同事也會對這樣一位上司暗中喝采。當下屬做了什麼對公司有利的事情時，也不要忘記大大誇讚下屬一番，令人人高興。

停止合作產生誤會

全慶經營一家出版社，朋友介紹一家印刷廠給他，全慶因為初入此行，沒有熟悉的印刷廠商，因此就和那位姓陳的印刷廠老闆合作。

為了減少聯繫上的麻煩，全慶把印刷、訂紙、分色、製版、裝訂所有工作都交給陳老闆包辦。

而事實上，陳老闆的印刷廠只有印刷一項業務，其餘部分都要轉包出去。當然，他也不會做白工，轉手之間，他還是賺了兩成左右的差價。幾年過後，全慶才發現他因為怕麻煩而多花了很多錢，同時也因為出版社的經營已上軌道，人員也增加了，於是把給陳老闆的業務，除了印刷之外，全部收回自行發落。

誰知陳老闆勃然大怒，說全慶沒有「道義」。全慶向朋友抱怨：「要給誰做是我的權利，難道我這樣做錯了嗎？」後來他就不再和陳老闆合作了。

全慶當然沒有錯，不過，如果他對人性有進一步的瞭解，就不會因為誤會的不快而向朋友抱怨了。

類似的故事並不罕見，只是「劇情」稍有不同而已。碰到這樣的事雖然很無可奈何，但從人性的角度來看，仍有值得討論之處：

陳老闆賺取轉手的差價雖然合情合理，但全慶停止和他某部分的合作卻與「道義」無關，買賣本來就是「合則來，不合則去」！問題是，陳老闆把轉手的差價當成「理所當然」的利益，全慶不再和他合作，他因此而產生利益被剝奪感，本來可賺一萬，現在只剩下五千，心裡無法適應這種失落，於是就心有不甘了。然而，陳老闆是沒有權利反對的，他反而應該感謝全慶才對，讓他賺了「外快」那麼多年。不過人總是這樣，你給了他好處，久了他便認為你給他好處是應該的，一旦不再給，便認為你失去「誠信」，沒有「道義」了。

曾發生過這樣的事件：前任上司違反規定，挪用一筆公款作為手下的變相「津貼」，新任上司上任後，發現此事不妥，便予以停發，不料手下反應激烈，並且有人亂投黑函，讓他困擾許久。可見「好處」不論該不該得，不動心的很少，「得而復失」，又不動氣的更少，這也就是商界「停止合作」，也跟著「停止友情」的原因。面對這樣的人性反應，若事先有所瞭解，就不會感慨人心不古了。

全慶終止和陳老闆的合作基本上是正確的決定，因為兩人有了不愉快，站在全慶的立場，大可不必太勉強自己。倒是陳老闆應自我反省——賺取外包部分的差價是「多出來」的，印刷方面的利潤才是他「理所應得」，面對全慶的新決定，他應表示願意繼續提供更好的服務才是。結果他不做此想，反而以詆毀來回應，導致連印刷部分的生意也飛了。

由此我們可以瞭解一件事，面對握有權力的一方時，「理未應得」的利益是不宜以激烈手段爭取的，因為師出無名，理不直氣不壯，也得不到其他人的支持。若堅持激烈手段，必敗無疑，而且不但爭不回多出來的好處，就連原有的好處也會失去。事實上，陳老闆要保住印刷部分的生意也是很難的，因為他的「轉手利潤」讓全慶有受騙感，唯有停止一切合作才能彌補他自尊受到的創傷。對陳老闆來說，也只能盡量以低姿態來撫慰全慶的自尊，或許這樣還有一點效用吧！

全慶和陳老闆翻臉是一種遺憾，但做生意事關企業生命，該翻臉還是要翻臉，你不翻臉別人還笑你傻瓜！倒是平常與人相處，對於「好處」的給予要多些講究，否則反而會對人際關係造成傷害，這一點和做生意「翻臉」的「利害」是不大相同的。

痛擊誤會製造者

人就是這樣：誰在背後不說人，誰在背後又不被人說？己所不欲，「而」施於人，這大概是人的劣根性之一吧！背後議論，人之常情。然而，由於個人認識的侷限性，人與人之間的好惡與向背的情緒又難免滲進議論；因此，議論往往也就不由自主地偏離事實真相，誤會的發生也就在所難免了。如果議論者有意識的，藉著議論造謠、中傷、挑撥離間，那是心術不正或是心理變態。

遇到誤會製造者，應以正直坦蕩為準繩。「坦蕩」，指胸懷而言。人生在世，全然不被人議論是不可能的。背後議論，就其內容而言，有符合事實的，也有不符合事實的；就其動機而言，有善意的，也有惡意的。但不管怎樣，都應坦然處之，不要因聽到好的議論而忘乎所以，覺得自己一下子高大起來，也不要因聽到難聽的議論而怒髮衝冠、耿耿於懷，否則，心理就難免失去平衡，做出傻事，正中誤會製造者的奸計。

俗話說：「君子坦蕩蕩，小人長戚戚。」一個強者，是為自己的奮鬥目標而活著；只有弱者，才會被身邊的議論所左右。背後議論別人，特別是捕風捉影的誹謗，是一種不道德的行為，你必須正直地站出來，幫助議論者改正不良習慣。

幫助誤會製造者改正惡習，可循「先禮後兵」的方法。從團結的願望出發，尊重對方，以朋友的態度，進行善意的規勸；同時，巧妙地引導對方獲得正確的認識人的方法。比如，當對方談論他人時，可以先順著對方的話音，談談被議論者確實存在的缺點，然後再談他的大量長處，從而形成一個對人的全面認識。

如果對方搬弄是非的惡習已經構成其人格特點，或視團結的希望為軟弱可欺，變本加厲，那就搜集事實進行批駁，揭穿其不正心術。要是仍有一定的覺悟，在你「猛擊一掌」之後醒悟，那他就會痛改前非，更加敬重你。要是對方執迷不悟，與你翻臉，這樣的人失去並不可惜，在某種角度上說，起碼從今以後可以耳根清淨。

差異產生摩擦

人們想要在與人交往中避免誤會的發生，需要在相處的過程保持恰當的分寸感。我們在與人相處時，總會對人與人之間進行相互的比較，哪怕是很細微的差別，也會看得很清楚。有了這種辨別細微差異的能力，就分得此人和彼人的不同，由此再進一步，就分得出某一個人此刻與彼刻的不同，更進一步，就分得出在同一時刻，此人的表面與他內在的不同。

有了這樣精細的辨別能力，在自己的言行之中，也就有了分寸感，能夠隨時調整自己的聲調和表情，去適應別人，再進一步去影響別人。

這一方面，就有點像修理機器。機器的零件壞了，必須用同樣尺寸的零件，才能夠修得好。尺寸不對，機器就不能夠正常的工作，因為它的每一部分，都是非常精密地配合在一起的。對於那些精密的機件，有時差錯不能超過一公分的百分之一。

人與人相處得好，也要看雙方配合得好。如果兩人的感覺和默契剛剛好非常配合，那麼，兩個人就非常投機，雙方在一起就非常愉快。否則，就會產生摩擦，就像機器的零件，尺寸有點小小的差別。如果相差極微，還不至於出問題，只是覺得沒有那麼順利、那麼愉快就是了。差異大一點，摩擦就大一點，如果不及時調整就會出問題，由小小的不愉快，發展成大大的不愉快。

這就像一部機器，出了小毛病不修理，必然會弄成大毛病，終致不能運轉，甚至於會發生爆炸。

人與人之間的關係也一樣。有些關係因為尺寸不對，熄火就是熄火，大家都無所謂。你不理我，我不理你，也就算了。但是有些關係太密切、太長久、太重要了，倘若真的熄火不動，那關係就大了。

在社會上，經常有這樣嚴重的問題：有些相愛多年，共度患難的老夫老妻，最終竟也到了非分手不可的地步。有時，相識多年、合作很好的朋友，也會決裂拆夥。這其中有一個重要的因素，就是彼此之間的關係，在分寸的拿捏上出了問題。

為了避免造成重大損失，一定要注意自己在言行上的分寸，不要輕易地和身邊親近的人發生不必要的誤會。

CHAPTER 2

小心，誤會就在你身邊

朋友、戀人、夫妻……往往都是心有靈犀的，但是我們也不得不承認，即便是肝膽相照的好友、朝夕相處的戀人，也會因為誤會變得非常不愉快，甚至彼此傷害，造成終生的遺憾。

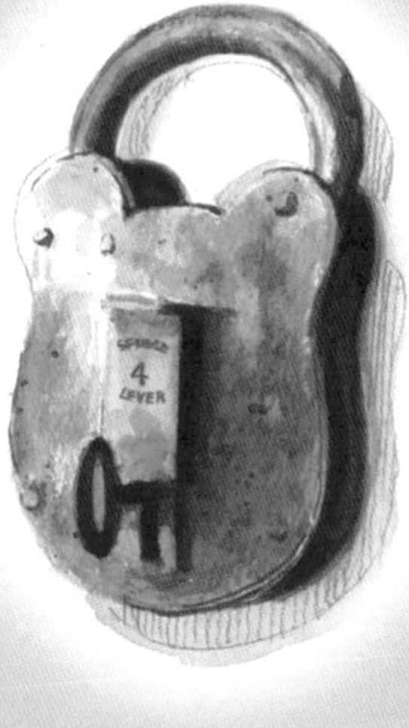

朋友相交的重點

1. **充分的尊重能夠避免誤會，並營造出和諧的氣氛：**據說抗戰勝利後，張大千要從上海返回四川老家，行前好友為他設宴餞行，並特邀梅蘭芳等人作陪。宴會開始，大家請張大千坐首座。張大千風趣地說：「梅先生是君子，應坐首座；我是小人，應坐末座。」

梅蘭芳和眾人聽了都不解其意。於是張大千解釋說：「不是有句話講『君子動口，小人動手』嗎？梅先生唱戲是動口，我作畫是動手，我理該請梅先生坐首座。」滿堂來賓聽後為之大笑，並請兩個人並排坐了首座。張大千自稱為「小人」，好似自貶，實則「醉翁之意不在酒」，是對梅先生尊重的表示，它表現了張大千的豁達胸懷和謙虛美德，又製造了寬鬆和諧的交談氛圍。

2. **要保守朋友間的秘密：**朋友把自己的隱私告訴你，這可能涉及到家庭糾紛、生理缺陷、個人恩怨等等，總之是需要保密的，要不然就不會稱為是秘密和隱私。不過話又說回來，既然是秘密，朋友講給你聽，只是一種情緒的發洩，絕對不會希望你做個傳播的載體，搞得盡人皆知。

對方可能沒有直接告訴你要你替他保密，但這一層的意思是不言而喻的。他不說，可能是覺得說出來顯得對你不夠信任，但實際上，他對你是極度信任的，否則他是不會告訴你的。對此，你只有為他分憂解勞的義務，而沒有把這些「隱私」張揚出去的權力。如果是無意間的洩密，還情有可原，你可以認真地向朋友做出說明，請求得到他的原諒。但如果是故意的，則是讓人無法容忍的，以後可能也不會有誰再把你當成知己，傾訴衷腸。

與朋友說話的分寸

1. **插話要適時**：許多人過分相信自己的理解能力和判斷能力，往往不等別人把話說完就中途插嘴，因此常會發生誤會。這種急躁的態度，很容易造成誤會，不只弄錯了對方的意圖，在中途打斷對方，也會有失禮貌。

當然，在別人說話時一言不發也不好。對方說到關鍵的時刻，說完後，你卻只看著對方而不說話，對方會感到很尷尬，他會以為沒有說清楚而難以繼續說下去。

有些人在別人說話時，彷彿都將話聽進去了，等到別人說完，卻又問道：「很抱歉，你剛才說些什麼？」對他來說，也許只是一時心不在焉，聽漏了重點，但是對說話的人來說，這卻是一件很失禮的事。

人們常會輕率地問：「剛才這個問題的意思，能再解釋一下嗎？」或者不經大腦就說：「我不太瞭解剛才這個問題的意思。」這些話都不算得體，你不妨這樣表示，「據我所聽到的，你的意思是否是這樣呢？」

即使你真的沒聽懂，或聽漏了一兩句，也千萬別在對方說話途中突然提出問題，必須等到他把話說完，再提出：「很抱歉！剛才中間有一兩句你說的是……嗎？」如果你是在對方談話中間打斷，問：「等等，你剛才這句話能不能再重複一遍？」這樣，會使對方有一種受到命令或指示的感覺。

俗話說：「聽人講話，務必有始有終。」但是能做到這一點的人卻不多。有些人往往因為疑惑對方所講的內容，便脫口而出：「這話不太好吧！」或因不滿意對方的意見而提出自己的見解，甚至當對方有些停頓時，搶著說：「你要說的是不是這樣……」由於你的插話，很可能打斷了他的思路，要講些什麼他反而忘了。中途打斷對方的話題是沒有禮貌的行為，有時會產生不必要的誤會，說不定對方會想：「那你來講好了。」

一個精明而有教養的人與他人交談，即使對方長篇大論地說個不休，也絕不會插嘴，這說明了打斷他人的言談，不僅是很不禮貌的事，也容易讓事情不易談成。

另外，傾聽對方說話的神情很重要。聽別人說話時，眼睛卻望著地下，或嘴巴微張呆呆地聽，甚至重複發問好幾次，都會給人留下很不好的印象。

2. **自然地加入他人的談話：**在宴會、生日舞會上，我們時常可以看到朋友正和另外一個不認識的人聊得起勁，此時，每個人都有加入的想法。可實際上，你只不過是想聽聽他們到底在講些什麼罷了。但是，一方面你不知道他們的話題是什麼，而且你突然地加入，可能會令他們覺得不自然，甚至因此使他們的話題接不下去，到後來場面氣氛轉為尷尬。這時大家一定會覺得你很沒禮貌，也因為你這位不速之客，致使自己的朋友感到尷尬或不滿。

如果碰到這種情況，你最好等他們說完再過去找你的朋友，即使真有事必須當時告訴他，給他一些小動作的暗示，他就會找機會和你講。同時也要注意，不要靜悄悄地站在他們身旁，好像在偷聽一樣，盡可能找個適當的機會，禮貌地說：「對不起，我可以加入你們嗎？」或者大方地、客氣地打招呼，請你的朋友介紹一下，就能很自然地打破這個情況。

3. **玩笑適度，以免樂極生悲：**茶餘飯後，不少人喜歡以幽默的語言使人捧腹，或以詼諧的比喻令人發笑，或者你戳我一下、我逗你一下來活躍氣氛，使大家在說說笑笑中增進友誼，密切感情。然而，朋友間開玩笑也要有分寸，否則很容易適得其反。

有一次，小張把小王的車子藏起來，急得小王直冒冷汗。等小王要到派出所報案了，小張這才笑嘻嘻地說出實話。諸如此類的玩笑，弄得別人肚裡直冒火，有什麼好處呢？

所以說，玩笑可以開，但不可隨便亂開。會開玩笑，使人人高興，皆大歡喜；不會開玩笑，既達不到玩的目的，也收不到笑的效果。

其實，開玩笑也有講究。講究之一，是玩笑的內容要健康。既是開玩笑，就要好玩，能引人發笑，促進氣氛活絡；或者是透過開玩笑互相激勵、鞭策進步。如果像上面講的惡作劇，把人開得直冒火，那就開到歪路上去了。還有一些人，開玩笑的情趣不高，甚至拿一些庸俗無聊的話引人笑，這也很難使人發出會心的笑聲來；還有的人拿別人的缺點甚至生理缺陷開玩笑，把無聊當有趣，那就更讓人不能忍受了。

講究之二，開玩笑要適當，不可開得太過分。尤其是年輕人愛動手動腳，你踢我一腳，我捅你一下。這樣開玩笑雖無不可，但如果「逐步升級」，你摸我一下，我就揍你一拳；你踩我一下，我便踢你一腳，不占便宜不露笑，就可能把玩笑弄成打鬥，如果不顧安全、不想後果，開玩笑開出意外來，那教訓可就慘痛了。

講究之三，開玩笑要看對象。有的人嘻嘻哈哈，愛逗樂；有的人不苟言笑，動不動就臉紅；有的人自尊心特別強，你給他開個玩笑，他覺得對他不大敬重，說不定還要讓你下不了台；還有種人，高興時怎麼都行，不高興時一句話就冒火，這就要「區別對待」了。

遠離愛情地雷區

猜疑是愛情的大敵，它使戀人自尋煩惱，甚至導致雙方感情破裂。猜疑一般總是以某一假想目標為出發點進行封閉性的思考。這種思考從假想目標開始，最後又回到假想目標上，就像一個圓圈一樣，越畫越粗，越畫越圓。

有一對已經相戀半年多、發展平穩的情侶，突然遇到了猜疑的暗礁。

有一天，曉玲路過一家電影院，看到門口有一對男女正在交談，隨即雙雙進了電影院，而那個男生就是自己的男友仁傑。

曉玲簡直不敢相信自己的眼睛，在回家的路上思緒煩亂。她想起了和仁傑相識以來，有幾次約他看電影，他都是吞吞吐吐的。還有一次，他們拿仁傑公司送的電影票去看電影，當時坐在旁邊的，就是這次和仁傑一起去看電影的女子！據此，曉玲認定了仁傑欺騙自己，從此之後再也不理仁傑。

仁傑找到她家裡問她究竟出了什麼事，她沒好氣地回答，「你自己知道！」甚至說一些難聽的話。仁傑被罵得莫名其妙，只好悻悻然離去。

其實，和仁傑一起看電影的，是他另一個要好同事的新婚妻子。那天，仁傑的同事因為臨時要開一個緊急會議，無法在會議中打電話通知妻子取消看電影，為了不使妻子空等，就請仁傑代為通知。而仁傑和她本來就相識，她見多了一張票就請他一塊看，仁傑也大方地接受了。這本來是同事間正常的交往，可是曉玲卻想歪了，誤會了男友，還趕走了他。

生活中不乏因猜疑而害人害己的事情。因此，我們在愛情生活中應該設法克服這種不正常的心理。

1. **從自我的主觀想像中走出來**：之所以會發生猜疑，一個重要的原因就是思維方法上主觀臆度的色彩太濃，沒有根據地加強了心理上消極的自我暗示，這自然是很不好的。解決的方法很簡單，那就是多和對方溝通，交心才能知心。人們常說：「長相知，才能不相疑；不相疑，才能長相知。」有了這個牢固的基礎，猜疑自然就會煙消雲散了。就像在上面的故事裡，如果曉玲能積極地與仁傑溝通，或者至少當仁傑追問原因時說出自己的心結，那麼結果就完全不一樣了。

2. **加強積極的自我暗示：**當你的懷疑越來越重的時候，要盡力提醒自己「踩剎車」，想辦法加上一些「干擾素」，如：也許是我弄錯了、他應該不是那種對愛情不專一的人……等等，以打破自己的懷疑。

當然，如果是真的出了問題，一味這樣想那就是自欺欺人了。所以條件允許時，可作一些調查，更主要的是和對方多溝通，以澄清事情的真相。這樣做才是對感情負責任的態度，破除了猜疑，彼此間的感情自然也會更進一步。

3. **不要盲目地相信別人的閒話：**不少猜疑都是由別人的閒話所引起的。對於別人的閒話要分析，在生活中，「長舌婦（夫）」確實有。即使有些親朋好友是出於好心，向你通報你的戀人外遇之類的情況，也不能一聽就信，因為很難保證這些情況中沒有失真的成分。要知道眼睛也有欺騙你的時候，很多時候我們會被眼睛所看到的表象給欺騙了，更何況是道聽塗說。

4. **一旦有了猜疑，要冷靜分析，不能意氣用事**：正如前面所說，人在猜疑的時候，容易被封閉性思考所支配。這時，絕對需要冷靜克制。要多設想幾個對立面，冷靜分析以後，仍然難以解除猜疑，那就應該及時和戀人交換意見，當然方式方法要注意。

就拿曉玲來說吧，她可以隨意地問仁傑，「我看見你昨天去看電影了，那部電影好看嗎？」那麼仁傑自然會主動地把情況向曉玲解釋清楚，而誤會也就自然消除了。有了猜疑，卻像曉玲那樣自己悶在心裡，越想越氣，而情人卻感到莫名其妙，結果不但解決不了問題，還可能使矛盾進一步擴大，於人於己都不利，這又何必呢？

避免妻子的誤會

古代一名婦人得知丈夫另尋新歡，賦詩一首送丈夫：「恭賀郎君又有她，儂今洗手不當家；開門七事都交付，柴米油鹽醬與茶。」細心的讀者可能會發現，該婦人的「開門七事」其實並沒有完全交出來，她留下了「醋」。

社會雖然已跨進了二十一世紀，可是每當丈夫和異性互動時，妻子心中仍覺得酸溜溜的，像喝了醋一樣。當然，淡淡的醋味能增加夫妻的感情，但凡事總有個限度，醋勁太強，就會破壞家庭的安謐。這正如菜中放少許醋能殺菌、保鮮、增味，但放多了就難以下口。

有些妻子會因一時誤會便盯梢、跟蹤丈夫；或聽信流言蜚語無端懷疑丈夫；或不准丈夫與異性接近，限制其社交。有的妻子見丈夫與異性談笑，便當場撒潑吵鬧，誹謗侮辱女方；或回家後與丈夫使性子，胡攪蠻纏，沒完沒了。遇上這樣的妻子確實令人頭痛，倘若遇上了，應怎樣正確對待呢？

1. **忠於妻子：**丈夫對愛情的忠貞行為，是消除妻子猜疑的最有效的「靈丹妙藥」。因此，丈夫一定要注意用自己的行動，加強妻子的信任。要檢點自己的作風，不可背著妻子做任何對不住妻子的事。這樣，遲早會消除妻子心頭的一切疑雲，妻子自然也就不再吃醋了。

2. **消除誤會：**有的妻子對丈夫的猜疑，沒能及時地消除，使誤會真的釀成了「醋」。所以，作丈夫應細心觀察瞭解妻子，弄清妻子吃醋的原因。

3. **不遮遮掩掩：**丈夫參加社交活動本是正常的事，與異性接觸應大大方方。殊不知，越是隱蔽，妻子就越懷疑；越是不讓妻子知道，妻子就越是認定裡面有鬼。作為丈夫，若有可能，應盡量讓妻子陪自己一起參加一些社交活動，讓她對自己的社交關係和行為有正確的認識。同時，在結交異性朋友時，最好也讓妻子知道，能請她們來家中作客，與妻子也交個朋友，那就更好了。

4. **體諒瞭解：**妻子愛吃醋，確實給丈夫帶來一些苦頭，但她這樣做畢竟是真心疼愛丈夫，生怕失去丈夫。從這個角度去看待妻子，火氣就會消失，丈夫就能冷靜下來，認真幫助妻子克服這一缺點。只要丈夫坦坦蕩蕩、光明磊落，大多數妻子會化猜疑為信任，夫妻關係會更加親密無間。

夫妻溝通的四大盲點

一對夫婦驅車外出，半路上妻子問：「想停下來喝點什麼嗎？」「不，謝謝。」丈夫道。於是他們繼續趕路。實際上呢？妻子是很想停下來喝點什麼的，因為自己的願望沒有被重視而面有慍色。丈夫見妻子不高興，還莫名其妙，覺得很掃興。

她有話為什麼不直說？其實他沒明白，妻子問他不是要他拍板決定，而是在與他商量。而妻子也沒意識到，丈夫說「不」時，只是在表明自己的意願，並無任何強人之意。當夫妻交談中因彼此的誤解而產生抵觸時，他們彼此不滿，指責對方自私，不體諒別人。

夫妻語言溝通的誤會在哪裡呢？詹姆斯．皮爾教授指出，夫妻語言交流主要有以下四大盲點：

1. **依賴與獨立**：女人希望彼此親近、相互支持，她們努力維護這種親密的關係。而男人在乎的是地位和威望，他們要求獨立。這些不同的想法常常導致男女雙方在同一件事上做出完全不同的反應。看一下這個例子：

俊男有一位高中時的同學出差來到他居住的城市，給他打來電話，他高興地邀請老同學週末到家中做客。晚上回家後，俊男把這事告訴了妻子又琳。

又琳有些不快地說：「你邀請客人為什麼不事先跟我商量一下？你為什麼不告訴你朋友，你得先跟老婆說一聲？」

「我怎麼能說我必須先徵得老婆的同意！」俊男生氣地回答。

在俊男看來，與妻子商量就意味著他沒有獨立行事的自由，這會讓他感到自己像個孩子，是個怕老婆的人。可又琳卻很樂意說：「我得先和老公商量一下。」因為又琳認為，這只是在表明她與俊男很親密，這有什麼不好呢？

2. **提出辦法與渴望理解**：麗娟因乳腺瘤剛做了手術。一天，她對丈夫錦川說她很苦惱，因為手術破壞了乳房外形。錦川對她說：「那妳可以做整形手術啊。」

這個建議讓麗娟十分不快，她說：「我很難過，你不願看到乳房變成這個樣子，但我不想再做任何手術了！」

錦川大惑不解，不知如何勸慰才好。「可我一點也沒有在乎那個疤呀！」他申辯說。

「那你幹麼還要我做整形手術？」麗娟問。

「那是因為妳對那個疤很苦惱。」錦川回答。

女人在抱怨、訴苦時，男人關心的通常是找到解除困難的辦法。錦川只是認為，他告訴麗娟可以透過手術來消除乳房上的那個疤痕，是在幫助妻子解決煩惱。但是，女人往往需要的不是具體的辦法，而是感情上的理解和支持。

3. **命令與建議**：娜娜喜歡說：「我們把車停到那兒吧。」「我們午飯前打掃打掃吧。」這語氣讓她丈夫很是惱火。因為他把娜娜的「我們這樣吧」、「我們那樣吧」當成了命令，他像很多男人一樣討厭受制於人，但是對娜娜來說，她並沒有指使，她只是建議。

就和其他許多女人一樣，娜娜竭力避免正面衝突——她把要求化作建議而不是命令。可是，這種委婉的方式對於有些男人反而更糟，一旦他們意識到別人是在用含蓄隱蔽的方式指使他們，便因此感到受人操縱而惱怒，寧可接受直截了當的要求。

4. **對抗與妥協：**為了避免衝突，不少女人寧可隱瞞自己的態度，而對對方的決定不公開表示反對。但有些時候，公開自己的不同意見，即便可能由此引發爭執，也不見得就比委曲求全更糟。

淑芬是開車通勤的上班族，她的車是丈夫替她挑選的，他總是選他喜愛的那種中看不中用的老式車。這些老掉牙的車脾氣很壞，它們給淑芬帶來了無窮的麻煩，有一次甚至險些讓她送了命。這次淑芬決心不讓丈夫一人做主，他倆一同去了二手車的店裡，丈夫一眼就看上了一輛十五年前出廠的賽車，要在從前，這車就是淑芬的了，可這次她決定不再聽丈夫的，車是她在開，她得挑輛自己中意的。

淑芬自作主張買下一輛新車，這車很平常，沒有丈夫為她選的車那樣神氣，可它經久耐用，又聽使喚。淑芬做好一切準備，她想丈夫肯定會不滿意的，但讓她驚訝的是，丈夫自始至終一句不愉快的話也沒講。

生活中的小衝突不會置人於死地，妻子們用不著一味地迴避爭論；而一向果敢獨斷的丈夫們，是否也可以稍稍減緩點自己咄咄逼人的直率和談話方式呢？

CHAPTER 3

善於溝通，表達零障礙

誤會，往往是因為說出來的話，引起了別人的誤解才造成的。所以，我們需要格外注意溝通的技巧，避免誤會的發生。

清楚地表達你的想法

1. **講話的快慢要適度，聲音要適中：**在與人交談溝通的過程中，首先要留意自己說話是不是太快了？如果說話太快導致字音不清，就會使人聽了等於沒聽。即使快而清楚，也不足以仿效。說話的目的在於使人全部明瞭，別人聽不清，聽不懂，就是浪費時間。所以我們要訓練自己，講話的聲音要清楚，快慢要合度。說一句，人家就要聽懂一句，不必再問。

其次，說話的聲音不要太大聲。在熱鬧的街道上、賣場裡，或者是在有嚴重雜訊干擾的地方，提高聲音說話是不得已的。但是平時就不必也不能太大聲，尤其是在公共場所或在會客室裡，過高的聲音會使對方感到不舒服。

說話雖不能太快也不能太響，但在談話中，每句話聲調也該有高有低，有快有慢。說話有節奏，快慢合適，這可使你的談話充滿情感。你可留心那些使人聽而忘倦的人的說話方法，留心舞台上的名角唸詞的方式。

2. **揣摩如何用詞，說話越簡練越好**：有些人在敘述一件事情時，拚命說許多話，還是無法把他的意見表達出來，結果對方費了很多時間與精力，卻抓不到他話中的意思，造成了誤解。所以，話未說出時，應先在腦裡打好一個草稿，擬幾個重點。

良好的溝通能力，從某種意義上講可能比知識水準、分析能力和智商更為重要，良好的溝通，應注意以下幾點：

①與人溝通必須帶有自信，不說廢話才是懂得溝通的幹練之才。

②輕鬆瀟灑的態度對於溝通的成功至為重要。你如果過於緊張，別人看了也會難受。

③說話者誠實的態度會帶給對方一個好印象。因為世上說謊行騙的人太多了，誠實一定會有助於你的成功。

④對方的興趣所在是關心的焦點，因此，對於對方的好惡要敏感。

⑤保持適當的幽默感。

⑥不要讓情緒左右了訊息的傳遞，也不能不同意對方的話或是另有看法時，就打斷

別人的話。

⑦決定你反應的方式。除非確定對方的話已經快要講完了，否則不要太早下結論。第一個反應一定要做正面肯定的回答，就算你完全不同意對方的觀點，至少也要感謝他願意花時間和你一談。

問話的九種技巧

生活中的問話有三種機能：釋疑、啟發及打破談話的僵局。學會問話的技巧，對於解除誤會、增進溝通有極大的幫助。

問話要講究技巧，高明的問話不但能使你避免誤解、達到目的，而且被問的一方也不會發生誤會。下面是幾種常見的問話形式和方法：

1. **直接型提問**：提問，需要考慮環境及時機。提問者要根據不同的環境和時間使用不同的提問方式，有時需要委婉，有時需要直接。直接型提問屬於後者，當我們需要對方毫不含糊地做出明確答覆時，直接型提問是一種較理想的方式。

一般說來，生活中常見於父母對孩子的責問，上司對下屬工作的詢問。如果交談者雙方關係比較密切，而所提問題又不會引起不愉快的後果時，也可以採用這種方式。直接型提問直來直往，速戰速決，節省時間。但一定要注意場合和時機，否則就會事與願違。

2. **誘導型提問**：直截了當地提問，是要求直接求得答案。但也有一種情況，回答者出於知識水準或因與個人利益有利害關係，不急於直答。這時你可以採用誘導型的提問方式，這種發問方式不是為了要替自己解疑而問，而是為了緊緊吸引對方思考自己的問題，誘導對方接受自己的觀點，所故意向對方提問的方式。它具有誘敵深入、扼喉撫背的效果。

3. **啟示型提問**：這種提問方式重在啟示。要想告訴對方一個道理，但又不能直說，那麼通過提問引起對方思考，直至明白某個道理。例如：老師在指出學生的錯誤行為之後，常常會接著問：「你覺得這樣做對嗎？」就是一種啟示型提問。

4. **選擇性提問**：選擇性提問容易造成一個友好的談話氛圍，被提問者可以根據本人的意願，自由地選擇答案。比如：炎熱的夏天，你家來了客人，你想給他弄點東西解渴，但又不知道他喜歡什麼，你可以這樣問他：「你是要茶、果汁還是冰咖啡？」這樣，客人選擇他自己喜歡的東西，增添了友好的氣氛。

5. **攻擊性提問**：發問要考慮對象，尤其是被提問者與自己有利害關係時。如果對方是自己的競爭對手，提問的目的是為了直接擊敗他，你不妨可以採用具有攻擊性的提問方式。

雷根與卡特在競選美國總統時有一段精彩的論辯。當時，雷根向卡特挑戰性地提出了這樣的問題：「每一個公民在投票前，都應該好好地想一想這樣幾個問題：你的生活是不是比四年前改善了？美國在國際上是不是比四年前更受尊重了？」雷根的提問猶如一枚重炮彈，極富攻擊性，在美國選民中激起了巨大波濤。結果在論辯之後，民意測驗表明：支持雷根的人顯著上升。攻擊性問話的直接目的是擊敗對手，故而要求使用這種問話時，要具有幹練、明瞭、利己和擊中要害等特點。

6. **迂迴曲折地提問**：義大利知名女記者奧里亞娜．法拉奇以其對採訪對象挑戰性的提問和尖銳、潑辣的言辭而著稱於新聞界，有人將她這種風格獨特、富有進攻性的採訪方式稱為「海盜式」採訪。迂迴曲折的提問方式，是她取勝的法寶之一。

在採訪越南總理阮文紹時，她想獲取他對外界評論他「是越南最腐敗的人」的意見。若直接提問，阮文紹肯定會矢口否認，於是法拉奇將這個問題分解為兩個有內在聯繫的小問題，曲折地達到了採訪目的。

她先問：「您出身十分貧窮，對嗎？」阮文紹聽後，動情地描述小時候他家庭的艱難處境。得到關於上面問題的肯定回答後，法拉奇接著問：「今天，您富裕至極，在瑞士、倫敦、巴黎和澳大利亞有銀行存款和房產，對嗎？」阮文紹雖然否認了，但為了洗清這一「傳言」，他不得不詳細地道出他的「少許」家產。阮文紹是如人所言那般富裕、腐敗，還是如他所言並不奢華，已昭然若揭，讀者自然也會從他所羅列的財產「清單」中得出自己的判斷。

阿里．布托是巴基斯坦總統，西方評論界認為他專橫、殘暴。法拉奇在採訪中，不是直接問他：「總統先生，據說您是個法西斯分子？」而是將這個問題轉化為，「總統先生，據說您是有關墨索里尼、希特勒和拿破崙的書籍的忠實讀者。」從實質上講，這個問題同「您是個法西斯分子」所包含的意思是一樣的，但轉化了角度和說法的提問，往往會使採訪對象放鬆警惕，說出心中真實的想法。它看上去無足輕重，卻尖銳、深刻。

7. **以「如果」提問**：首先我們要養成習慣，用「如果」開頭引導的問句問對方能夠得到更好的結果的話，就要避免簡單用「是的」來回答對方的提問。比如說，你給顧客介紹一種產品，顧客問：「能做成綠色的嗎？」你知道能，但是你不說「能」，你反而問：「你喜歡做成綠色的？」顧客通常會回答說：「是的。」而後你再問：「如果我給你找一件綠色的，你會買嗎？」

用「如果」引導的問句把問題又還給了對方。有一位朋友就是用這種方法被提升為業務主任的。他問總經理怎麼做才能升職，然後他用「如果」提問方法，在一定的期限內完成所交派的任務，因此獲得提升。

使用「如果」這樣的句型能產生所希望的結果，我們應養成習慣多用。我們可以用做遊戲的方式來練習，直到成為自然而然的反應。例如：當家人請你倒杯咖啡時，你不要說「是的」，而要問「你想喝杯咖啡嗎？」他們總是會說「是的」。而後你再說「如果我給你倒咖啡，你能……」你可以提出任何要求作為倒咖啡的條件。

8.「**足夠**」**提問**：問句中用「足夠」這個詞非常有效，可以得到對方的同意。

例如：「你覺得下星期一開始夠快吧？」也就是說這個回答並不意味著我們要開始，而是要在下星期一才開始。

「你覺得十台電腦夠了嗎?」回答說「夠了」是意味著十台電腦能滿足需要了。對方若是回答說「不夠」，那麼就是意味著還要增加!

這僅僅是最簡單的方法，只需稍稍練習就能掌握。

9. **針對次要方面提問**:我們如果對一個想法中的次要內容徵求他人同意的話，那麼也就得到包括對主要內容的同意。例如:「有了新的電腦系統後，我們應該配備第二台印表機吧?」同意配備第二台印表機的人，一定在原則上已同意購買新電腦了。

處理不同意見的四種方式

不同的意見和見解往往會造成雙方的誤解，如何靈活處理就需要靠你的技巧了。處理不同意見和見解異議有以下四種基本方式：

1. **不處理**：我知道這種建議聽起來好像很奇怪，但是我覺得有時候某些異議可以置之不理。比如，你在介紹計畫時有人會說：「聽起來實施這個計畫會很複雜。」對此，你的反應可以僅僅是一個會意的微笑，然後繼續講下去，不再理會。

在促銷會上，有人可能會說：「聽起來會很花錢的！」對此你可以說：「對。」然後繼續解釋你的計畫，介紹從中得到的好處會如何大大地超出所需的投資。

我們在採取不理會的方法時應非常謹慎。如果這些異議對提問人來說真是問題的話，那麼他會始終記著，等你講完後他還會再提出來的。

2. **一段時間後再處理**：我們可以這樣說：「說得好，一會兒我會講到這個問題。」或者

「我準備在講投資部分時談談這個問題，我把它留到那時再講，好嗎？」

另外，還必須注意對方的身體語言和表情，確信他暫時不會再糾纏這個問題，而且明白你會在後面講解的。絕不能讓他有這樣的感覺，認為你說後面再講，僅僅是希望大家會忘記這個問題。

3. **立刻處理**：通常情況下，最好的方法是立刻處理異議，當然這樣做會打斷你的發言或思路。你可以說：「這是一個很好的問題，很高興你能把它提出來，現在我們一起看看是怎麼回事。」「你說這個計畫可能難以落實，能否再詳細說說你的觀點，讓我能完全明白你的意思？」你從這些問題的答覆中，能更好地理解對方是怎麼看待問題的。等他答覆後你可以說：「要是我理解得對的話……」針對他提出的異議，你重新措詞解釋來肯定自己的計畫。

4. **提出之前就處理**：對付潛在問題，這是最有力的方法，能產生良好的作用。第一，這表明你已做了很好的準備，對提出的計畫，已考慮了他人會怎麼說。第二，你能把解答問題與你發言的內容巧妙地融合在一起，根據自己的時間表妥善處理各種異議。第三，你用自己的語言解釋問題，而不用被動地等待他人的提問。第四，你顯然是一點兒也不擔心會有異議，否則，你是不會自己提出來的。

你會這樣說：「現在有些人會說這個計畫可能難以落實，他們說的也許有點道理，但是……」接著解釋計畫將如何容易地被落實完成。

「有些人會認為太貴了，但是我已經查核了所有必需的支出，平均下來每月只需一萬八千元。而這項投資每月能產生六萬七千元的收益。這是一項不錯的投資，你們不會不同意吧？」問題在提出前就解決了，這是最有效的方法。

改變你的表達方式

小萍有個朋友不斷向她借東西，但從不歸還。小萍鼓不起勇氣向她追討，她的解釋是，「如果我去質問她，就會傷害她的感情，而她又是我很要好的朋友。」

雯莉在工作單位裡有個能言善辯的同事，三番五次地說服雯莉替他做一部分工作。雯莉一向把自己視作願意為別人幫忙的好好女士，可是她也知道自己的好心只是使那個同事騰出時間去進行交際應酬。雯莉的解釋是，「老是找不到適當時機和場合來提起這個問題。」

像小萍和雯莉這樣的人，往往為了想讓別人讚許而犧牲了自己。她們簡直就不知道怎樣拒絕別人——而正因為這樣，她們吃了不少虧。

在理想中，人際關係都應該以彼此間的真誠尊重、順暢溝通和關懷體諒為基礎。可惜的是，實際情形並非如此。有些人常常對別人步步進逼，不斷地提出請求、索取和進行試探，直到遇到對方抗拒為止。而許多人，儘管自己有足夠的權利和理由，卻不肯抗拒這些試探，事後卻找出種種理由來解釋他們何以永遠被欺侮。

如果你也像小萍和雯莉一樣，那麼，你就必須學會利用一些方法來表明你的感受和希望，保護你人格的完整和獲得別人的尊重。

1. 改變不適當的溝通方式：

①不要給別人一個現成的託辭：例如：「近來你天天遲到，不過，我知道你不是一個早起的人，要那麼早就開始工作是很難的。」如果你給了對方一個藉口，他便會認為你可以容忍他的所作所為，同時他還認為你是個軟弱無能、不願貫徹意旨的人。

②提出合理要求時不要表示歉意：例如：媽媽厲聲叫兒子打掃他的房間，但三個鐘頭後卻對兒子說：「孩子，我剛才不應該粗聲對你說話。你知道嗎？我不是生氣，因為我知道你一定會自動清理你的房間的。」做完一件事之後表示的歉意，通常是心有內疚或憂慮的結果。用這樣的方式來取消一個堅強的聲明，會使你喪失

自尊。

③不要過分寬限你分派的任務：例如：「我真的要在星期五看到那份報告，不過我可以等到下星期。假如事情順利的話，也許再遲一點也無妨。」請刪去那些「假如」和「不過」之類的字眼吧。一項清楚說明你希望那份報告什麼時候完成的聲明，既能防止誤解，又可以使報告更有可能及時交卷。

④不要把你的責任推給別人：例如：「老闆說你應該……」或是「你爸爸說你必須……」之類的說法，雖然可使說話的人不負責任，卻使他變成了一個毫無實權的傳話者。假如你一開始就說「我要你做……」，人們就會把你看作是一個堅強的人。

2.採用更為有力的辦法：

①要直截了當：把你的期望說得清清楚楚。消極的人常常以為，他們就是不吩咐，別人也會知道該怎麼做，如此一來，往往會引起許多不必要的問題。

②要考慮透徹：說明問題之前，腦子裡先要有個概念。事先把事情想通想透，你才

能陳述得合情合理。

③碰到問題立刻解決：躲避問題只會使問題更趨嚴重和更難解決。如果一開始對於較小的問題及早處理，那無異是一開頭就說明了你的期望，而別人也就能確實知道你的看法。

④表現自己時不可憤怒：當你大發脾氣的時候，別人很可能會為自己辯護。這樣，真正的問題通常解決不了。同樣的道理，如果別人聽了你的話之後產生過分激動的反應，你也不可感到憤怒。你的毫不動氣，可以在相形之下顯出對方的態度很不成熟，而且，你的鎮定通常還能使他冷靜下來。

⑤利用自己的地盤：球隊在本地和外隊比賽時，通常較易獲勝。相同的，維護自己的權利也是一樣的道理。在一位同事的辦公室或他的家裡和他對抗，往往會處於下風。因此，在可能範圍內，最好在你自己的「地盤」上堅持你的意見，這樣你便可以占到不少微妙的便宜。

⑥利用非語言的暗示：說話時眼睛要與對方保持接觸，不要反覆不斷地說明你的理

由，而是要用停頓來加強效果，用適當而非挑釁性的手勢來強調你的論點。

⑦不要虛張聲勢：你在虛張聲勢的時候，即使年幼的孩子也知道。要建立你的威信，就必須說明你的合理期望，以及說明如果這些期望不能達到時會產生什麼後果，然後貫徹到底。要贏得別人對你的尊重，只有讓他們確實知道你言出必行。

注意說話的禮節

適當的禮節，不僅對於人與人之間的交往十分重要，在談話中，它也起著不可忽視的作用。因此，一個有經驗的談話者總是保持著恰如其分的禮節。

1. **談話的表情要自然，語氣和氣親切，表達要得體：**說話時可適當的做些手勢，但動作不要過大，不要手舞足蹈，更不要用手指指人。與人談話時，不宜與對方離得太遠，但也不要靠得太近，另外，記得千萬不要唾沫四濺，口沫橫飛。

2. **參與別人談話前要先打招呼，若別人在個別談話時，不要湊前旁聽：**若有事想與某人說話，應等別人說完。有人與自己主動說話，則應樂於與其交談。當有第三者參與談話時，應以握手、點頭或微笑表示歡迎。發現有人欲與自己談話，可主動詢問。談話中遇有急事需要處理或要離開，應向談話對方打招呼，表示歉意。

3. **談話時不要冷落第三者：**談話現場超過三人時，應不時地與在場的人都談幾句，不要只與一兩個人說話而不理會在場的其他人，也不要與別人只談兩個人知道的事情而冷落第三者。如果所談的問題不便讓旁人知道，則應另找場合。

4. **在交際場合，自己講話要給別人發表意見的機會，也應適時地發表個人看法**：要善於聆聽對方談話，不輕易打斷別人的發言，一般不提與談話內容無關的問題。如對方談到一些不便談論的問題，不對此輕易表態，可轉移話題。在相互交談時，目光應注視對方，以示專心。對方發言時，不要左顧右盼，心不在焉，或者注視別處，顯出不耐煩的樣子，也不要老看手錶，或做出伸懶腰，玩東西等漫不經心的動作。

5. **注意談話內容**：盡量不要涉及疾病、死亡等事例，不談一些荒誕離奇、聳人聽聞或者黃色淫穢的事情。一般不要詢問婦女的年齡、婚姻狀況，正所謂：「見了男士不問錢，見了女士不問年。」也不要直接詢問對方薪資收入、家庭財產、首飾價格等私人生活方面的問題。另外，對方不願回答的問題不要追問，也不要追根究柢。對方反感的問題應表示歉意，或立即轉移話題。

6. **注意語言禮貌**：談話中要使用禮貌語言，如：你好、請、謝謝、對不起、再見……等等。在社交場合中談話，一般不過多糾纏，不高聲辯論，更不能惡語傷人，出言不遜。即使爭吵起來，也不要斥責、不譏諷辱罵。

留意說話的聲調和表情

同樣一句話，如果我們說話時，聲調不同、表情不同，別人聽起來的意義也不同。在與人相處時，這一點非常非常重要，而且應該特別加以注意。

為什麼有的人常常被人誤解呢？為什麼有些人，原意是要安慰別人，反而惹起別人的反感呢？為什麼有些人，原意是要讚美別人，反而使人認為是諷刺呢？為什麼有些人，原意是要跟別人和好，反而引起一場爭吵呢？

首先，就是在用字遣辭方面缺乏分寸感，用了不適當的詞句，使對方發生誤會。但更多的時候，是因為對自己的說話和表情沒有分寸感。他們以為只要把話說出來，就已經完成了任務，完全不知道內容和表情上的小小差異，也會把原來的意思加以歪曲、變形。

另外一方面，聲調也是一個很重要的因素。有位朋友，他說話的時候，聲調一向是很冷很硬。即使他在內心裡，對別人充滿了溫暖和同情，但他的話一出口，便好像經過冷藏一樣，變得又冷又硬。因此，他的許多表示溫暖同情的話，別人聽起來都好像是冷言冷語，甚至是諷刺、挖苦，至少也覺得他的話並不是出自內心，而是一種客套和敷衍。

另外還有一位朋友，他說話時聲音很大，在平常還無所謂，但一到交女朋友的時候，就發生問題了。因為在交女朋友時，有許多比較親密的話是不宜大聲說的，而且一般的女孩子，也實在不喜歡她們的男朋友說話那麼大聲。

簡簡單單的一句話，也要講究藝術，只有在這些小細節上多注意，才能使溝通更良好。

把人家的話接下去

從電視螢幕上，常看到這樣的鏡頭：被訪問的來賓一時間未能把話說下去，主持人便立即作出反應，幫來賓把話接走，使談話得以輕鬆地進行。其實，這種言談交往藝術，在我們日常生活也很常見，只是我們不以為意罷了。

協助對方把話說下去，首先當然要全神貫注地聽對方說話，要一邊整理概括，還要判斷對方說話的原意，留意體會其語調，觀察其表情和動作姿態，然後進行綜合分析。試著想想：如果連對方說的話也理解錯誤，又要如何把人家的話接下去？

協助對方把話說下去，是對朋友的起碼尊重，也是與人溝通的基本禮儀。然而，怎樣協助朋友把話說完呢？最好的辦法，是及時地用上評語或誘導性的詞語。

例如，朋友說張三和李四為了金錢爭執起來。你如果接上「人家爭吵關我們什麼事？我最討厭聽到為了幾個錢吵架的事！」這就封住了對方的嘴巴，就像剛要進門，眼前的門卻「碰」的一聲被關上了那樣令人掃興。反之，如果接上「是嗎？」對方話匣子就打開了，當對方說得差不多時，再進一步問說：「結果呢？」新的對話之路又開闢出來了。

此外，與朋友交談，還要善於聽出對方的言外之意。比如，昨天你的女朋友在你面前讚美某時裝店櫥窗陳列的新款時裝，你今天便悄悄買來擺在女朋友面前，那時她會有多高興驚喜啊！

聽說話人的弦外之音並不難，只要用心聽，並且注意對方的表情、語氣，再聯繫平時的某些跡象，是會心有靈犀一點通的。

CHAPTER 4

聽的妙用

仔細聆聽對方的話，可以更加準確地捕捉對方的想法和意圖，達成良好的溝通，這樣，就會在很大程度上避免誤會的產生。

如何「聽話」

朋友之間的交往，要善於說，也就是善於把自己的思想感情傳遞給對方；善於聽，即善於透過對方的語言，判斷其真偽，捕捉其真意和事實。兩者比較，聽話比說話要困難得多。

有人研究發現，一般人的說話速度是每分鐘一百二十至一百八十個字，思想的速度卻要快四至五倍。所以，聽話者注意力稍微分散一下，別人說的話就只能聽到一半。

有人進一步研究指出：說話一方把自己想說的內容，根據需要，按照某種邏輯結構，用某種速度說出來，這裡的「某種」是指個人的喜好或習慣。這些話到達聽者的耳朵，同樣還得經由聽者個人的喜好與習慣的「某種」折射。所以，說者的本意與聽者的理解之間有一定的距離。

我們要善於聽，也就是善於看穿說話人的真偽，善於抓住說話人的真意，以免造成不必要的誤會。

首先，全神貫注地聽別人說話。促膝懇談也好，面對面的交換意見也好，不管處於什麼情境，採用什麼交往方式，都要認真聆聽，不能帶有情緒，更不能帶有偏見，即使是無聊的話，也要有耐性地堅持聽下去。愛聽不聽的態度，是對對方的否定，最容易損害對方的自尊心。

其次，一邊聽一邊概括對方說話的要點。把別人的話逐句地聽和記是不可能的，也是不必要的。善於聽，即在於善於一邊聽，一邊整理，把對方的話加以概括，抓住要點。當然，概括出要點，也不要主觀地論定，等對方的話告一段落或輪到自己發言時，才向對方提出，以資核定。如果與對方一致，那就說明自己沒理解錯；如果與對方不一致，應及時交換意見，切忌當時不說，過後糾纏不清。許多朋友之間的誤解與爭執，就在於不及時弄清楚。

能力在傾聽中提高

技巧高超的傾聽能力在化解誤會時，扮演著舉足輕重的角色。通常這個人表現得難打交道時，是要傳達出他內心的某種意思，你必須做到和他的感受同步，能理解到他要表達給你的想法。如果你在和一個正在抱怨、難纏的顧客打交道，對你來講是很難控制住他的衝動和怒氣的，一般只能捺下性子去聽他發牢騷。

通常普通職員的反應，就是沒有耐心去聽顧客那些亂七八糟的惡言穢語，而表現得十分不耐煩。如果你發現自己也正在這樣做，沒有耐心聽別人所說的話，這時就會使事情變得更糟。

顧客只是想讓某個人能聽到他的抱怨，他們只是想讓別人聽聽他們的申訴，瞭解他們的感受，而且有可能還不需要你做出任何彌補，因此具有良好的傾聽能力是十分需要的。也許你最終並不能對他們有所幫助，但是你對他們所遇到的問題，適當地表現出有禮貌的善意和關切，顧客就知道這時他們是真正地被你關心了。

如果他們這時感覺不到關心，你又不能表現出傾聽他們抱怨的姿態，結果只會令他們更沮喪，他們有可能會更進一步地跟你大吵大鬧，更加激烈地斥責你和你所服務的公司。

下一次當你需要傾聽時，請檢查一下自己是否：

1. 與說話者沒有眼神的交流。
2. 不時地打斷顧客。
3. 幫他們說完還沒說到的話。
4. 眼睛平視，視線在他們的肩膀之上遠方的某處。
5. 邀請其他人加入你們的談話。
6. 當他們說話時，你正在心裡算計著下了班後該採購點什麼。
7. 一邊趴在桌上寫自己的報告，一邊還跟他們說：「我正在聆聽你的意見。」

如果你對上述問題之一的回答是「是」的話，那麼你就需要好好檢查一下自己的傾聽能力了，因為你不夠高超的傾聽能力會妨礙了你與顧客的有效溝通。

良好的傾聽能力有四個要素：

1.**聽到資訊**——首先是真正地聽到了說話者所說的話。

2.**分析資訊**——將說話者的肢體語言、說話的語調加以綜合考慮，分析他們要表達的意思。

3.**評估資訊**——在內心做出一個評判，看說話者真正想要傳達的意思是什麼。

4.**做出反應**——對資訊做出一個有意義的反應，也就是給說話者提供一些有益的建議。

傾聽的能力不僅依賴於你的聽覺器官——耳朵，還依賴於你的眼睛所看到並傳遞到大腦中的視覺資訊。接著大腦就會透過對肢體語言的分析和對說話者的語調分析，加上實際上所聽到的任何資訊，來證實自己的判斷是否準確。

同樣的，你在說話時，你的肢體語言所傳達出的意思與你嘴上所說的不一樣，肢體語言也許就會洩露出你正在撒謊。人的大腦對於肢體語言是相當敏感的，麥赫拉邊強調的關於面對面交流的重要性理論指出，人類在傳遞資訊時使用的幾種方式所占的比重分別為：

7％——實際上所說的話

38％——語調、重音、語速和音質

55％——肢體語言

這些發現對於如何與難纏的人打交道具有重大的意義。因為，你會認識到，溝通變成了不只是要對對方所說的做出反應，而且要注意對方的語調和肢體語言——並保證自己的「言」與「行」一致，即我們說話的內容與我們的肢體語言，所傳達出來的意思是一致的，至少也不能是相反的意思。

鍛煉你的應對能力，正如其他所有的能力一樣，與難纏的人相處也需要多加練習。在什麼樣的場合使用什麼樣的手段，你練習得越多，你的反應就會越自然、越有效。

要記住：你不可能對所有的局面都能掌控自如，但是你應隨時有所準備，一旦有情況發生就可以應對。

做個會聽的人

大多數的談話過程是由一個人說話，另外的人則在等待輪到自己說話的時機。所以，這位等待說話的人並非完全沒有聽講，但他的聽講只是為了等待發言的那一刻。換言之，他並未注意傾聽，而是在暗暗地想著自己的心事。

「聽」和「聞」，在意志力的行使方面，有著微妙的差異。「聽」，名副其實是透過一個人的聽覺，察覺出聲音；而「聞」是為了瞭解聲音的涵義，有全神貫注傾聽的意義。

若只是「聽」，就不必過於努力；但若是「聞」，就必須使之發生作用。每個人多少都患有想全神傾聽卻容易精神渙散的毛病。如果不注意傾聽說話的內容，而只是茫然地附和著音調的高低起伏，便很容易犯下過錯。

你有沒有隨著情況的需要，調整過你「聽」與「聞」的不同呢？現在，想像下面這些人的談話，分析聽話程度——

1.上司向你提出兩個月後要向公司最大一家客戶饋贈禮物的計畫。

2.你的秘書不厭其煩地告訴你，她星期六在量販店裡找到許多便宜貨。

3.你的兒子向你敘述他們球隊失敗的經過。

4.你的上司向你談起他的度假計畫。

前面的例子中，引起你全神貫注傾聽的誘因是什麼？話題？恐懼或感情？有時，明明想仔細聆聽，卻在下意識中為了某一件事，注意力分散而無法集中。有時是對話題不感興趣，或是說話者的說話技巧拙劣，或是所說的話題缺乏資料價值。

也許，你還可以找到更多的答案，來證明人類聽的能力是受到許多因素的影響。

聽者的神態，盡在說者的眼裡。如果你是認真在傾聽，自然能給予說話的人肯定的回饋（鼓勵）。對方會認定你是一個理想的傾訴者，並將你的智慧估計得比實際上高得多。

學習聽講的技能，是一項很重要的社交能力，也是終身受用的。做一個好的聽眾也許很難，但是把這種寶貴的能力應用在工作上、生活上，卻能受用不盡，你不妨也試試。

觀察別人的行為是件愉快的事，而且也是一項極為有趣的消遣。「三人行必有我師。」

每一個人都有值得學習的優點。有些人說話口齒笨拙、詞不達意，但觀察他的行為舉止，卻隱有深厚的內涵。觀察一個人行動上所顯示出的人品、風格，會讓人覺得趣味無窮。在生活中，經常扮演一個熱心、冷靜的觀察者，必定能使你的生活更豐富。

從觀察別人開始，可以訓練自己的傾聽能力，參加聚會時，不管別人玩的是什麼遊戲，你都要積極參與，著手多方面觀察，一定可以從中拾取心得。

為了提高傾聽和觀察的效果，你必須經常設定一個目標。久而久之，你就可以成為不鳴則已，一鳴驚人的人物，受到眾人的仰慕。

在開會時，你要暫時充當偵探的角色，磨鍊自己的手段。你可以選定任何一個人，作為觀察的對象，仔細聽他的發言，小心觀察他的舉動，並努力透視他的心理。

每個人都有自己的生活背景，所以，兩個不同的人碰到一起後所發生的情節，都可以產生一部像樣的小說。總之，人類的想像力不管怎樣大，都比不上現實的離奇和刺激。

讓別人聆聽的秘訣

要說服別人，最重要的是熱情。如果沒有要讓對方完全領會、接受的強烈心意，最後一定會無功而返。但也並不是說只要有熱情就夠了，為了讓對方願意聽下去，就必須在表現方式上下功夫。

1. **表達清晰**：有些人連自己做過的事也不能說明清楚。比如，只要說「昨天去哪裡，做了什麼事」就可以了。他卻從「昨天身體很不舒服」之類不著邊際的話開始說起，聽的人因為一直都沒聽到重點，所以就沒有認真聽，而講的人就變得很丟臉了。

2. **說話不拖拉**：拖拖拉拉的說話方式，會讓人聽不出話中的條理與邏輯，有時也會因意思不清楚而招致不必要的誤解。在每次呼吸之間說完一句完整的話，讓對方完全瞭解，這種說話方式最好。

多聽少說

傾聽人說話，首先意味著要付出注意力，眼神不要左右飄浮，或做出緊張、坐立不安的舉動。不要讓心思遊移到明天要買的雜貨或想買的新衣服上。聽的時候，表情要放輕鬆，讓臉部隨著聽到的內容變化。舞台劇導演的困難工作之一，就是訓練演員表現出傾聽劇中另一個演員在說些什麼的樣子。如果你想成為成功的聽者，不妨就用同樣的方式訓練自己吧。

良好的傾聽意味著精神集中的配合。以前有一種理論，說想要贏得異性青睞的女孩，只要在男方描述他辦成了一筆大交易時，抬起頭注視著他，同時崇拜的說出，「天啊，你真是天才！」之類的話語就成了。她表現得越愚蠢，他就越傾心。不過這個腳本已經有點改變了，時下有太多的女孩子也完成了一些大交易，而且覺得從一個精明的女強人轉變成愚蠢的小女孩有點轉不過彎來。而男人似乎也變精明了，懂得區分真正關心他在說些什麼的女孩，和裝傻想要纏住他的女孩。因此，如果你想要贏得一個男人的心或影響他，可不要在他需要一個聰慧的聽者時，對他耍出做作的那一套。

不時發問，還可以偶爾提出一點不同的看法。如果你有支持他的說法的個人經驗，在他談話停頓的間隙提出來，但要簡短，然後再把談話的主導權還給他。這種傾聽不會只是單調的獨白，而是雙向的溝通。

聽人講話的藝術一旦學到了，會使我們與他人溝通時更順暢。

傾聽不僅僅是用耳朵

1. **使用眼睛、臉孔、整個身體——而不僅僅是耳朵**：專心的意思是全面集中。如果我們真正熱心地聽別人說話，我們就會在他說話時看著他，我們會稍微向前傾身，我們臉部的表情會有所反應。

瑪喬麗．威爾森是魅力研究的權威，她說：「如果聽眾沒有什麼反應，很少人能夠把話講得好。所以當一句話打動了你的心，你就應該動一下身體。當一個主意確切地感動你，你就該稍微改變一下坐姿。」

如果我們想要成為好聽眾，就必須表現出我們很感興趣——我們必須訓練自己的身體機敏地去反應和表達。注意那隻在老鼠洞外等待著老鼠的貓，如果你想要知道如何才能有表情地傾聽的話。

2. **深入聆聽**：在你學習深入聆聽別人的傾訴時，你會發現人們在認知方面的巨大差別，你還會看到當人們在相互依存的情況下努力合作時，這些差別可能帶來的影響。瞭解他人，並與他人協助合作，這是成功過程中的第一步。即使另一個人沒有這個習慣，也要先尋求瞭解。

這個原則對一位經理有極大的幫助，下面是他所講述的一段經歷：

「我那時在一家小公司工作，這家公司正在和一個全國性的大金融機構談判一份合約。金融機構用飛機從三藩市請來了他們的律師，從俄亥俄州請來了他們的談判代表，另外還有他們的兩個大銀行的執行長，組成了一個八人談判小組。我所在的公司已經決定爭取雙贏的結果，否則便不作交易，他們希望大大提高服務水準和成本，差一點就被那個大金融機構的要求壓倒。

「我們公司的總經理坐在談判桌的另一邊對他們說：『我們希望你們能按你們的想法寫下合約，這樣我們就能夠瞭解你們的需要和擔心。我們將針對這些需要和擔心作出反應，然後我們就可以談價格問題。』

「那個談判小組的人當時感到不知所措，他們沒有想到會有機會來寫合約，後來他們用了三天的時間提出一個方案。

「在他們拿出那個方案之後，總經理說：『現在看看我們是不是真的瞭解你們的需要。』他讀了一遍合約，解釋了它的內容、考慮它所表現出來的誠意，直到他和他們都確信他瞭解了對他們來說的重要東西。『是的，是這樣。不，我們在這裡的意思不完全是那樣……對，你現在對了。』

「在他完全瞭解他們的觀點之後，總經理開始從他的觀點對某些問題作出解釋……他們側耳傾聽，沒有盲目爭論。在我們剛開始談判時，雙方是處在一種非常拘謹、沒有信任、幾乎是帶有敵意的一種氣氛，結果最後變成了一種有利於合作的環境。

「在討論結束時，談判小組的成員基本上是這樣說的：『我們希望和你們合作，我們想做這筆交易。告訴我們是什麼價吧，我們準備簽字。』」

3. **尋求瞭解**：當你這樣做時，注意你的影響會有什麼情況。因為你真心真意去傾聽，你就能夠接受影響。能接受影響是能影響別人的關鍵，當你的影響開始擴大，你對擔心的事情所能夠施加影響的能力就會得到加強。

下次同別人交流時，可以先把自己的經歷放在一邊，真正地尋求瞭解對方。即使人們不願談出他們的問題，你也可以採移情作用，感覺他們的心情，感覺他們的痛苦，你可以說：「你今天看上去情緒不好。」他們也許什麼也不說。但這沒什麼，你已經表示了對他的瞭解和尊重。

假如你非常主動積極，就能創造機會，未雨綢繆。

例如：現在就花些時間和孩子在一起，一對一地在一起。聽他們說話，瞭解他們。以他們的眼光看你的家庭、學校生活和他們所面臨的挑戰與問題。

經常同你的配偶一起外出或者吃飯，或者做你們兩人都喜歡的其他事情。互相傾聽對方的傾訴；努力去體諒瞭解對方，雙方都通過對方的眼睛來看待生活。

你為深刻瞭解所愛的人所投入的時間，能使你在坦誠的交流中獲得大收益。許多困擾家庭和婚姻關係的問題，根本得不到惡化發展的空間。

在企業裡，你可以訂出一些會見僱員的時間，聽取他們的意見，瞭解他們。在你的企業中建立一個人力資源帳目，或者股東資訊體系，以求得到來自各方面——顧客、供應商和僱員——的真實準確的回饋。要把人的因素看作同財政因素和技術因素同等重要，如果你能發掘企業中各方面的人力資源，就能節省大量的時間、精力和金錢，你所造成的忠誠效應，遠遠超過了那種朝九晚五有形的工作要求。

移情傾聽

我們在聽另一個人講話時，也許會裝著在聽，敷衍地回應著，「是的，嗯，對的。」那根本不是真正地在聽。我們也許有選擇地聽，只聽談話中的某些部分；或者我們會專心地聽講，集中精力注意聽人家正在說的話，但是我們很少有人在聽人說話時能夠「移情傾聽」。

這裡所說的「移情傾聽」，是指抱著瞭解的目的在傾聽。也就是說，首先尋求瞭解，真正的瞭解。移情傾聽能夠明白另一個人的觀點，你透過它來看問題，以他們看世界的方法來看世界，你要瞭解他們的模式，知道他們的感受。

移情傾聽不僅僅是要記住、反應或者甚至瞭解對方所說的話。在移情傾聽的過程中，你是用耳朵來聽，但更重要的是，你還要用眼睛和心靈來聽，你要聽出對方的感情、意圖和態度。

移情傾聽的作用很大，因為它能給你行動時所需要準備的資料。你不必搬出你自己的經歷，不必去臆度別人的想法、感情、動機和解釋。相反的，你要瞭解的是那個人腦袋裡和心靈上的實際情況。

當你設身處地傾聽另一個人講話時，你就使那個人得到了心理上的尊重。當那個至關重要的需求得到滿足之後，那時你就可以集中精力來施加影響，或者解決問題。

「聽」的力量

一位貧窮的荷蘭移民小孩，在放學之後為一家開麵包店的寡婦擦洗門窗，一週五十美分。因為他家實在太窮了，所以他經常提著一個籃子到街上去，拾取來往的運煤車掉在地上的煤屑。這個小孩——愛德華．巴克，一生中沒有受過六年以上的教育，但他終於使自己成為美國新聞業中最成功的雜誌編輯之一。

他怎麼做到的？他十三歲時就休學了，在西聯公司當學徒，週薪是六元二十五分，但他從沒有一刻放棄受教育的念頭。於是，他開始自學。他節省開支，不吃午飯，直到節省了足夠的錢，買了一套美國名人傳記大全。

接著他做了一件前所未聞的事，他讀了那些名人的傳記，然後寫信給他們，請他們進一步提供孩提時代的資料。他是一名好的聽眾，他鼓勵名人談論他們自己。他寫信給當時正在競選美國總統的詹姆斯．格爾弗將軍，問他以前是否當過運河上的拖船員，格爾弗回信了。他寫信給格蘭特將軍，請教他某一個戰役，於是格蘭特畫了一張地圖給他，邀請這位十四歲的小男孩吃晚飯，並且跟他談了一個晚上。他寫信給愛默生，鼓勵愛默生談談他自己。這位西聯公司的學徒，不久之後就跟許多美國著名的人物通信了：愛默生、菲力浦．布洛克、奧利佛．霍姆斯、林肯夫人、路易莎．亞爾克特、謝爾曼將軍、傑弗遜．大衛斯……等知名的偉大人物。

他不只跟這些名人通信，而且一到假期就造訪他們當中的許多人，成為座上客。這些經歷使他樹立了一種金錢無法換取的信心，並且擁有事業家的遠大眼光——就是這些決定了他的一生。

因此，如果你想成為一名優秀的談話家，就要先做一個注意聆聽的人。請記住：傾聽也是一種交談方式，甚至是更主要的交談。

專心地聽別人講話，是我們所能給予別人的最大的讚美。傑克烏弗在《陌生人在愛中》裡寫道：

很少人經得起別人專心聽講所給予的暗示性讚美。我不只是專心聽他講話，

我還誠於嘉許，寬於稱讚。

我告訴他，我感到非常有意思，受益良多——我的確是如此。我告訴他，我希望擁有他的知識——我的確是如此希望。我告訴他，我想同他漫遊大地——我真的是那麼想。我告訴他，我必須再見見他——我真是必須如此。

因此，我使他認為我是一位優秀的談話家，而事實上我只是一位好聽眾，鼓勵他開口而已。

上述經驗是富於啟示性的，專心地注意那個對你說話的人是非常重要的，再也沒有比這個方法更有效的了。

CHAPTER 5

溝通是解決誤會的良藥

誤會的發生，是無法避免的。問題是當誤會產生的時候，應該怎樣來解除呢？溝通就是最有效的方式。

談話的時機

莫麗莎和沙姆平時都非常包容對方，每當兩個人之間出現矛盾時，他們總是能夠回過頭去做些補救的事，從而使兩人和好如初。但是最近出現了一個難題，沙姆近來總是忙於工作，晚上回家老是錯過了晚飯時間，這使莫麗莎很不安。

其實沙姆正在忙一個非常特殊的工作專案，而這個專案必須要花費他大量的下班時間，而且這個工作將持續幾個月。莫麗莎感到自己被冷落了，她很孤獨。當她同沙姆講起這件事時，他也非常不安，他問妻子，「我怎樣做，妳才會高興呢？」莫麗莎只是說：「你早點回家吧！」可是沙姆很為難，「那是不可能的呀，我有許多工作要做。」這似乎便是他們談話的結果了。莫麗莎依然感到沮喪。沙姆向來都是迎合她的，但這次，他實在不能滿足她的要求了。

最後，莫麗莎不再鬱鬱寡歡了，她開始思考解決辦法。不久，她有了個好主意，她找了一個適當的時機向沙姆提議（通常沙姆在洗完澡，身心放鬆時，比較容易答應她的請求），建議他調換一下時間表，讓他不要每天晚上都九點鐘回家，可以有一天晚上十一點鐘到家，而第二天七點鐘便到家。

沙姆仔細想了一想便同意了，他覺得這個建議挺好的。於是沙姆實行了這一計畫。他開始工作到晚上十一點鐘，而莫麗沙會去辦公室給他送點外賣的飯菜，兩個人可以在吃飯休息時談談天。透過這一個辦法，莫麗莎同沙姆又恢復了往日的默契。他們兩人這樣生活了六個月，沙姆終於完成了工作。他們都很開心，彼此可以有足夠的時間在一起；而沙姆也不會因為工作太忙而感到壓抑，因為吃飯的時候就能見到莫麗莎了。

其實，只要仔細思考，許多問題都會有最佳的解決辦法。而你如果有想讓對方傾聽自己需要的事情，千萬不能在不合適的時機談及。等到時機成熟，他（她）會更容易接受且聽得更清楚。

時機就是一切。當妳的老公剛進門時，妳就告訴他需要他幫忙洗碗，這極可能會使他想再退出去。當他勞累了一天後很晚才回家時，妳告訴他妳需要褒獎，那無疑將是一場災難。

當他（她）很冷靜，而且時機已成熟時，你提出建議是最好的。坐下來，使雙方的目光接觸，確信對方不再看報或者看電視了。如果你們兩人在吃過飯後思路更清晰，那就等吃完飯再說。

對照下文判斷一下你與配偶談話的時機是否正確。

好的時機：

當兩人情緒都良好時。

當雙方都能把全部注意力集中在對方身上時。

當兩人都休息充分時。

當兩人都有足夠的時間能徹底交談時。

當電視已經關掉時。

不好的時機：

當其中一人情緒低落時。

當你們尚有其他矛盾未解決時。
當其中一人忙忙碌碌時。
當其中一人感覺身體不適時。

對話的注意事項

在社會的各個層面，都有透過對話達到相互瞭解、解除誤會的強烈需要，尤以商界為最。商業場合有很多因素，如組織結構優化、企業戰略聯盟、激發員工主觀機動性、以客戶為中心等等彙集在一起，強化了對話的必要。

對話和一般的討論之所以截然不同，在於它有三個鮮明的特徵：真正的對話中不存在對話各方的較勁、不存在級別高低的影響、觀點不同也不會有絲毫的懲罰。總之，沒有任何形式的強人所難。

1. **相互平等**：對話之所以是對話，正在於對話各方已經建立了信任，位置高的人也放下身段，平等地進行交流。在形成了相互坦誠的心態後，各方才能以平等的身分，推心置腹地展開交流。

2. **推己及人，認真傾聽**：推己及人是一種通曉他人思想感情的能力，在對話中是不可或缺的。討論中的參與者可以不產生共鳴，但這只不過是討論而已，算不上對話。人們發覺，表達自己的思想容易，若要設身處地回應他人的不同觀點卻困難。因此，討論比對話更加常見。

3.**表明觀點，開誠布公**：對話中別人可能會向你奉若神明的觀念表達不同意見，要想在對方提出敏感話題後，穩若泰山、不急不躁、坦然應答，確實需要練習，需要把握分寸。

以上三個注意事項，缺乏任何一個或者一個以上，對話就會變成一般的討論，或者其他形式的交流。

和上司交流的三大原則

1. **有問必答的技巧**：上司常常就有關工作、生活問題與下屬談話交流，可有不少年輕一點的下屬遇到上司的主動詢問時，往往手足無措，或語無倫次，或詞不達意，以至於讓上司對自己產生誤解，留下不良印象。正確的處理方法是有問必答，因此要掌握以下的技巧：

①僅答其所問，絕不隨意發揮：上司問什麼，就答什麼，不要多說題外話。

②冷靜思考，回答有序：也就是在回答問題時，先說什麼和後說什麼，應迅速做反應。

③回答問題有禮貌：具體來說，無論當時你是站著或坐著，都應表現出該有的禮貌——雙眼注視對方，恭敬回答。

④假如遇到難以回答的問題，不可躲避：因為這樣會很失禮，應該大方地說自己不

懂，或謙虛地向上司請教。掌握這四點技巧，可以避免誤會，建立融洽的人際關係。

2. **善於鋒芒畢露**：下屬在上司面前，不可以總是唯唯諾諾，不敢有所發揮。有時候，在一定的場合，鋒芒畢露往往可以出奇制勝。像是在上司舉辦的演講或技能評測等場合，下屬必須將自己的本領「鋒芒畢露」地展現出來。在這種類似的場合，任何謙讓都是愚蠢和錯誤的，這裡說的「鋒芒畢露」與驕傲自滿、愛出風頭無關。它是一種擁有豐厚實力的展現，但「鋒芒畢露」在具體做法上也是有講究的：

①「鋒芒」所指的必須是正義的、合乎本公司或部門利益的方面。

②「畢露」不一定是「先露」。有時你可先讓人一步，讓競爭對手「亮相」。在分析、判斷對方的長處和不足的同時，校正自己的實施計畫，然後漂亮地「露一手」。

3. **訥於言和敏於行**：這是古代教育家孔子的忠告。說白了就是少說多做，而且做得要好。要注意：無論你的上司是否在場，都應堅持少說多做的原則。

「訥於言」，要做到「三不」：一是不要隨便向上司提什麼工作「建議」。曾有個愛虛榮的下屬，剛接觸一個部門的工作，業務知識還很生疏，但為了討好上司，往往一知半解地給上司提工作建議，以為這是積極的表現，可結果總是恰恰相反。二是不在各種場合隨便議論、評價上司，以免造成與上司關係的不和諧。三是不要隨便地到上司那裡，對同事蜚短流長。好多人不明白這個道理，以為向上司打小報告就能獲得信任。但就多數情況來看，結果正好相反——上司會連你也懷疑了，因為，誰都不會對一個「告密」者感到放心。

「敏於行」，是建議人們在工作中要做到「一前一後」和「三點」。「一前一後」是指「吃苦在前，享受在後」。「三點」是指：「上班時早一點到」，目的在於養成事先做好各種準備的好習慣；「工作中多學著點」，要求人們無論從事什麼工作都要虛心學習，掌握要領；「下班後晚走一點」，要求人們在下班之後，認真細緻地總結一下，整理好自己的工作環境，養成善始善終的好習慣。總體來說，「訥於言，敏於行」不僅是一種良好的修養，也是與上司建立和諧關係的重要條件。

讓上司聽明白你的話

把話講得清楚，是讓別人不產生誤會的基礎，當你打開收音機，聽到干擾的聲音，會有一種無法忍受的厭煩。相反，如果播音員聲音清晰、談吐有序、音色悅耳，那麼你不僅愛聽播音內容，也會喜歡上這個播音員。之所以強調這一點，是因為如何讓上司聽清楚你講的話非常重要，須掌握以下幾點：

1. **語調清晰**：在交往中，我們常常可以遇到有些人講話語音含糊不清，讓別人聽得很費力。假如一個去參加面試的人，出現這種現象，對自己所產生的不良影響是不言而喻的。所以在與上司相處時，必須注意訓練自己「咬文嚼字」的能力，養成良好的習慣。

如果你有語言含糊不清的毛病，可採取下面的方法加以糾正：

①不要讓舌頭跑在思維的前面：也就是說在進行語言表述的時候，應先想好了再說，或一邊想一邊說，讓自己嘴中的發音比自己的思維慢一拍，仔細觀察一下，多數發

音含糊不清的人是因為「心嘴同步」，或是思路尚未釐清，就已經把話說了出來。

② 一字一句把音發準確：為達到咬字清晰的目的，請你堅持在一段時間內，每天抽半個小時的時間朗讀一段文字，同時注意同音字和諧音字的區別。一定要把握吐字的速度不宜太快，然後把話一字一句說準確。

2. **音量適中**：為了讓上司聽清楚，須學會音量適中。如果嗓門過大、過高，會使人感到你很粗俗；如音量過低、過小，則會給人膽小、怕事、沒有朝氣的感覺。

3. **談吐有序**：與上司談話時，速度不要太快，要有條理。分清楚首先要說什麼，其次再講什麼，讓上司理解你要表達的意思，同時，還要注意語言的抑揚頓挫，使其悅耳動聽。

在讓上司聽清楚你講的話之後，還必須讓上司明白你說的是什麼，這需要掌握三個方面的技巧：

1. **詳略得當**：由於你要與上司溝通的思想或要表達的期望，往往用隻字片語難以說得清楚，而上司往往工作比較繁忙，因此如何用較少、較精煉的語言向上司進行表述，是一個值得推敲的問題。

說話與寫文章一樣，也存在一個詳寫和略寫的問題。如果你認為是關係重大的事情，可以講得稍微詳細一點，對一些無關緊要的問題，可以少說，或者不說。因為如果不這樣做，你就有可能沖淡主題，或是話多語失。

2. **遣詞造句**：與對方交談的過程，實際上是一個雙方都在運用腦海中所儲備的辭彙，進行遣詞造句的過程。至於如何遣詞造句，這就看你的文學素養了。一般來說，你應根據上司的文學素養和知識水準來決定如何使用辭彙。

如果你的知識面廣、學歷高，而你的上司文學素養可能不如你，這時你同上司交談時，就不應使用大量比較冷僻的書面語言。人們常說：見人說人話，在這裡有一定的道理。所以，聰明的人須注意遣詞造句的應用效果。

3. **語意肯定**：當與上司交談時，如果對有些問題或有些事情，必須做出明確的表態時，應該用準確的語言表達自己的正確態度。是同意，還是不同意？是喜歡，還是不喜歡？類似的問題，在語意表達上應該有肯定的答案。詞不達意或模稜兩可，應該肯定的不敢肯定，應該否定的不知道否定，都會影響雙方的有效溝通。

注意「閒談」的時候

上司下屬之間也有「閒談」的時候，但這個「閒」可不是可有可無。一位當秘書的朋友經常與我談起，他的一位上司幾乎每天都要到他的辦公室來「聊聊」，有時一坐就是個把小時。每次與上司「閒談」後均有收穫，相互間的瞭解和友誼加深了，對於避免相互之間產生誤會非常有效，工作起來也更得心應手了。

1. **重視「閒談」**：千萬不要以為上司真的是閒來無事，有意在與你「扯淡」。因此，當上司與你「閒談」時，你必須馬上放下手中的事情，聚精會神地投入，切忌心不在焉。從禮貌角度講，也應鄭重其事地迎接上司送上門來的「閒談」，因為這樣的機會不是經常能夠碰到的。

而當上司拉開「閒談」的架勢後，你得適時地接過話題，使「閒談」在悠然自得的氣氛中不間斷地進行下去。如果你像平時接受上司指示那樣畢恭畢敬，只會點頭稱「是」，那「閒談」就談不起來了。

所以，你平時必須注重學習，養成思考問題的良好習慣、特別對國內外大事、最近熱門的話題，都應該有一個較全面的瞭解和正確的看法。這樣，與上司「閒談」時才有「本錢」。

2. **要注意把握上司的思路：**在「閒談」時，上司可能就國內外或部門裡的某一件事情發表意見，或對某項工作發表感慨，或就某一問題與你探討。作為下屬，你應該準確地把握住上司的思路，尤其是要循著上司的思維適時發表你的見解，以利於上司進一步拓寬思路，或給上司某種啟發。

在交談中，你應盡可能用事實、數字說話，提供的資料最好是上司平時不大注意或沒有掌握的。在「閒談」中還應注意弄清以下問題：一是上司近期關注的大事是什麼；二是上司近期有無重要活動，如：是否要在什麼會議上講話，是否要起草下達什麼重要文件等等；三是上司對當前人們關心的一些問題的基本看法。如果能在「閒談」中弄清上述問題，或者聽出了上司的傾向性意見，這樣你在工作中就容易把握「主旋律」，不至於老是在做白工了。

3. **做好「閒談」後的工作**：與下屬「閒談」，實際是上司的一種工作方法。上司與你的「閒談」後，如果有任務交給你，你必須認真回味「閒談」中的內容，盡可能地把上司的「意思」想清楚，然後再去執行。如果在「閒談」中還有什麼問題沒有解決，則「閒談」後你應該繼續下功夫解決，不能不了了之。

同時，從思維方法、表達方式等方面也應做一番思考，如對同一個問題，為什麼你與上司想不到一起，或者不如上司想得全、想得深？多進行這樣具體的分析和研究，就能更深入地瞭解你的上司，更便於做好上司交給你的工作，真正成為上司的好參謀、好幫手。

不明白就多問

你是不是常常向上司詢問有關工作上的事，或者是自身的問題？有沒有跟他一起商量過？如果沒有，從今天起，你就應該要改變，盡量地發問。一個未成熟的下屬，向成熟的上司請教，這並不可恥，而且理所當然。千萬不要想：「我這樣問，對方會不會笑我？我是不是很丟臉？」如果你這樣想，那就太多慮了。

有心的上司，都很希望他的下屬來詢問。下屬會來詢問，就表示他在工作上有不明白之處，而上司能夠解答，才能減少錯誤，上司才能放心。如果你假裝什麼都懂，一切事都不想問，上司會擔心：「奇怪，這個人對工作是不是真正瞭解了呢？」

當上司尚未叫你前，你應先主動地去問：「關於這件事，這個地方我不太瞭解。」或者「關於這一點是不是可以這樣解釋，不知經理的意見如何？」上司一定會很高興地說：「嗯，就照這樣做。」或者「大致上就這樣好了。」並將你設想不到的地方加以補充，將不對的地方加以糾正。

說到商量，很多人就會聯想到自身的事情。假如你有感到迷惑不解和苦惱的事，就應當盡量向上司提出，彼此商量。如果你跟他商量時，會麻煩對方，你最好說一聲：「對不起！」而後退出。

「問」和「商量」，都不必感到不好意思，如果你提出問題，或有事跟上司商量，相信任何一名上司都會接受。不過，有關金錢的事最好不要提出，除了金錢以外，任何事都可以提出，諸如工作上的難題、家中的困擾、男女感情的苦惱等。

要使上司器重自己，應盡量接近上司，營造彼此能毫無隔閡地溝通的關係。只有如此，你才能真正取得上司的信賴。

同事之間的語言藝術

同事之間長期相處，語言是溝通思想和情感的重要橋梁，同事之間在日常交往中，如果語言運用得恰當、適宜，可以避免誤會發生，使人際關係更為融洽。所以，必須做到以下幾點：

1. **寬容大度**：由於工作和生活中來往密切，同事間語言交談的頻率很高，難免出現話語不周、言詞失當的現象。這就要求你要胸懷寬廣，分寸得當，適可而止，不過分計較和追究非原則性瑣事。

①不計前嫌，涵納「百川」：在任何團體中，都有可能碰到犯過錯誤的人，特別是反對過自己的人，和這種人相處，在語言上要公正地對待他們，不計前嫌，寬容大度，是胸懷寬廣的體現。

心胸狹隘、小肚雞腸，對人總是冷嘲熱諷、言語尖酸苛薄，是很難處理好同事關係的。

②對比自己能力強的人，語言要謙和尊重：在團體中，飽學之士大有人在，水準高、能力強的人可能就在你身邊。對這些才學確實比自己強的同事，要心悅誠服地向他們學習，尊重他們，並如實地向上司反映和推薦。絕不能對強者妒火中燒，進行打擊和排斥。

③對資歷較淺、能力差或存有一些缺點的同事，應語言含蓄，態度誠懇：作為同事，任何人都不要以己之長，量人之短，更不應體現在語言中。對能力差、資歷淺的同事不應歧視、嘲笑，更不應在人前背後品頭論足，而應採取適當的方法善意說明、暗示或轉告等，幫助他們改進。

2. **尊重信任**：要學會運用語言藝術來促進同事之間的尊重和信任。

①尊重人格：同事之間的彼此尊重，首先是尊重對方的人格。不可以自視清高，自恃資深，出言不遜，蔑視他人。切忌用侮辱對方人格的語言，更不能在他人面前詆毀同事。

②給予信任：每人都有可取之處，誰都希望別人對自己的能力給予重視和肯定。因

此，對於他人分擔的工作，應表示出信任的態度。即使提出希望和建議，也要用適宜的語言方式表達出來，不要在口氣、表情、手勢等方面，流露出瞧不起對方、不信任對方能力的跡象。

③鼓勵失敗者：美國大企業家洛克菲勒的同僚貝德福，在南美洲做錯了一宗生意，賠了一百萬美元，自責不已。可是洛克菲勒當時不僅沒有責怪他，反而更加尊重和信任他，使貝德福感動萬分，從此更加竭盡全力為公司工作。洛克菲勒這種用人不疑、疑人不用的作風，正是他事業成功的原因之一。

由於某些原因，有人可能在工作中或某件事情上遇到困難或是挫折。作為同事來講，不要冷嘲熱諷，幸災樂禍，這會給失敗者在傷口上撒鹽。對這樣的同事應給予同情和關懷，幫助他度過難關，重新再來，這樣既解決了問題，又協調了同事間的關係。

3. **學會「拒絕」**：每個人可能都有這樣的感受——當對他人的意見和看法表示出不贊成的態度時，就會有矛盾和摩擦產生。而事實上，任何人又不可能對所有人的意見和看法表示贊同，因為這是一種不負責任的表現，是一種失職行為，要解決這個問題，就要先學會「拒絕」的藝術。

①因人而異：要考慮被拒絕對象的性格、心胸度量、工作作風等因素，根據其心理承受能力，決定「拒絕」的方法和程度。

②因地而異：場合不同，「拒絕」的方式也要有所區別。一般來講，在人數少的情況下交談可以隨便些，但在人多嚴肅的場合，「拒絕」他人就要十分慎重。

③因時而異：對他人初次提出意見，「拒絕」時要慎重，對於他人在遭到「拒絕」之後又多次提出的意見和看法更要謹慎，應仔細考慮對方的觀點和看法是否正確，自己的「拒絕」是否有道理和說服力。

④婉轉「拒絕」：在拒絕對方時，要用商討的方式，使其重新考慮自己的意見。或者不要急於明確表態，讓對方察覺你對此事有保留看法。或者暫時放在一旁作「冷處理」，經過一段時間思考後再議。總之，在「拒絕」別人時不要從自己的好惡出發，語言要平和婉轉，態度要謙遜，讓人易於接受，這樣才能創造一個良好的人際氛圍。

把爭執變為溝通

工作時同事間難免會有爭執、摩擦，若處理不當，可能會擴大事端，引發更多的誤會；若處理得當，便能化火爆的爭執為冷靜的溝通，有助於誤會的解決。當然，這需要較高的智慧，聰明的你一定不喜歡衝突與爭執，那麼不妨由你來緩解僵持的局面。下面介紹四種處理方法：

1. **當同事哭泣時**：表示你的關切及協助的意願，但不要阻止他哭泣，因為哭泣可能是紓解情緒的好方法。給他一些時間來恢復平靜，不要急著化解或施予壓力。最後再問他哭泣的原因，如果他拒絕回答，也不必強求；若他說出不滿或委屈，只要傾聽、表示同情即可，千萬不要貿然下斷語或憑自己喜惡提供解決的方法。

2. **當同事憤怒時**：不要以憤怒回報，但也不用妥協。對你自己的意見要堅持，並表明你希望先冷靜下來，再討論問題所在，之後再詢問他生氣的原因。如果他後悔自己一時失態，請立即表示你毫不介意。

3. **當同事冷漠時**：不要有任何臆測，你可以不經意的問他：「怎麼了？」如果他不理會，不妨以友善的態度表示你想協助他。如果他因感情或疾病等私人問題影響到工作情緒時，建議他找人談談或休假。

4. **當同事不合作時**：切勿一味地指責對方或表示不滿，最好找個時間兩人好好談談。若對方因工作繁多、無法配合，則可另再安排時間或找他人幫忙；但若是純粹的不合作，則更需多花時間溝通，尋求問題的癥結及解決辦法。謹記：退一步海闊天空，說不定還能因充分的溝通而化敵為友呢！

口頭指示的三個重點

上司與下屬之間的大多數溝通是建立在口頭基礎上的。要想把每一條命令、每一項建議都寫下來是不切實際、也是不可取的。但問題在於很多時候以口頭方式發出的簡單指示、請求或意見，會被聽者徹底地誤解了。

你對這種不良的結果感到非常失望，而員工卻認為自己在忠實地遵循管理者的指示行事，也因此而十分不愉快。到底要如何減少這種誤解呢？

1. **仔細考慮指示的內容：**

①我想要說什麼？

②這一資訊應該告訴誰？多少人將會受其影響？

③傳達資訊時，我擁有可靠的事實嗎？

④如何最好地表述資訊，使下屬能夠理解？

⑤下屬會在第一時間理解嗎？資訊需要重複嗎？

⑥下屬可能做出什麼樣的反應？他們會有不同意見嗎？

⑦需要對資訊進行「包裝」嗎？

⑧在下達指示時是否還需要當場示範？為了進行這種示範需要做些什麼工作？又應該由誰來進行示範呢？

⑨接受指示的人需要時間進行練習嗎？需要多長時間？

2. **注意談話方式和態度**：談話的方式與內容同等重要。用粗聲粗氣或不愉快的語氣傳遞資訊時，聽者所接收到的反應幾乎總是情緒性的，由此管理者可以預料到聽者也會以同樣的方式做出反應。

3. **選擇好的談話地點**：在傳遞口頭資訊時應該考慮的一項重要因素是，到底應該在什麼地方傳遞資訊？辦公室是傳遞資訊的最安全場所，這裡是上司權威的最強象徵。對於下面這些資訊來說，選擇辦公室作為交談地點是十分恰當的：新的指示、流程的變化、需要解決的問題以及對員工進行的批評。

指令要明確

在你忙得喘不過氣來之際，當然希望有人能夠助你一臂之力，但一想到這可能要花更多時間向下屬解釋工作流程，你是否會因此打消求人的念頭，事無大小親力親為，以至自己成為全公司最忙碌的人？

不管你是老闆，抑或是一名部門上司，當你說出自己的要求與指示的時候，如何才能讓下屬對你言聽計從，成為你真正的好幫手？很多時候，下屬誤解你的意思，往往並非對你心不在焉，或是缺乏理解能力，責任可能是在你的身上，因為你缺乏發出指令的技巧，才會導致誤會產生。

這裡有一些建議，能使你與下屬合作無間，融洽相處，發揮工作之最大效果。

1.請把你的指令盡量以和顏悅色的態度說出來，使它變成一種討論甚至是請求。譬如，你說：「XX，在下班前，不知你是否可以將這份財政報告編排好？」在交付工作之際，你要避免跟對方閒扯，應該言歸正傳，用大家所熟悉的用語，簡明地講出你的意思，或希望工作完成到怎樣的效果，同時解釋你為何需要對方那樣做，如此對工作有什麼重要的影響等等。

很多上司一味吩咐下屬該怎樣怎樣做，卻忽略對方的感受，把他人當作一部只是聽從指令的電腦，讓下屬一知半解，很容易犯錯誤，造成與自己的意願相違。

2. 儘管你的時間很寶貴，但你的指示講完後，不要調頭便走，稍微在下屬的身旁停留數分鐘，傾聽他的發問，體諒他的處境，激發他的士氣，讓對方曉得你跟他一樣朝著這個工作目標而努力。如此以身作則，你的指示才會如願以償，讓事情進行得更順利。

CHAPTER 6

減少誤會，工作更輕鬆

誤會對工作的影響不可估計，它有可能會讓工作停滯不前，也會讓周圍的同事認為你是個無能之人，總而言之，對你的發展相當不利。

辦公室裡的十大說話禁忌

不經意的疏忽或不恰當的表現，常會讓同事間產生誤會，辦公室內的氣氛變得緊張、不自在，間接影響到工作效率。與其事後想辦法補救，不如事前隨時提醒自己留意辦公室的說話禁忌。

1. **切忌面無表情**：面無表情表示你漠不關心或毫無思考能力，這樣不但降低了說話者的興致，你還可能因此減少了參與活動的機會。
2. **切忌坐立不安**：坐立不安表示不耐煩、對說話者漠不關心。
3. **切忌把玩東西**：如此會讓人以為你不安或不耐煩。
4. **切忌打哈欠**：打哈欠是精神不振、做事不認真或不耐煩的表現。
5. **切忌眼神閃爍**：眼神恍惚、閃爍不定表示心神不寧、心胸狹窄，難免讓人無法信任或賦予重任。

6. **切忌直呼他人姓名**：不論與上司或同事的交情如何，在辦公室內仍要保持公司禮儀。雖然也有情況特殊的時候，但仍要視公司內的氣氛或習慣而定。

7. **切忌不理不睬**：相互不理睬表示完全的封閉，很容易拉開與同事間的距離或對立，對工作有負面影響。

8. **切忌常說對不起**：每有疏忽就只會說對不起，會讓上司以為你不負責任，沒有盡心盡力，所以在道歉之外更應積極地提出改進、補救的方法。

9. **切忌找藉口搪塞**：一碰到困難或麻煩的事就推三阻四、藉口多多，會給人害怕負責、無能的印象。尤其出了錯便找藉口搪塞，更會給人成不了大器的感覺。

10. **切忌當眾發作**：不管是受了何種委屈或挫折，當著眾人的面發脾氣或者哭泣，都會讓人覺得你沒有擔當重任的能力。

避免引起同事之間誤會的四種表達法

同事當中，由於語言表達的不同，或未能全面瞭解對方的意願，或動機與效果發生衝突，雙方就會產生誤解。若不及時根除誤解，就會破壞正常的人際關係。

同事之間為了避免產生誤解，在語言交談中，應注意以下幾點：

1. 講話要慎重，尤其是嚴肅的事情，或是鄭重的場合，語言表達要周密，不能出現漏洞。
2. 對同事講話要全面、客觀地理解，不能抓住枝微末節不放，無限上綱，曲解人意。
3. 有話講在明處，不在背後議論。背後言論的話傳來傳去往往會變形，容易引起誤會。
4. 把動機和結果統一起來。不能因結果不盡如人意，就懷疑別人居心不良，耿耿於懷。

與性情急躁者相處的三個原則

性情急躁者，最大的特點是容易興奮、容易發火。自我控制力差，動不動就動怒，甚至不惜與人爭鬥，和這種人發生誤會是很常見的事情。

首次獲得諾貝爾化學獎的范特霍夫，提出碳原子新理論之後，遭到德國有機化學家哈曼·柯爾比的強烈反對。范特霍夫當眾表示，「柯爾比先生的宏論，從頭到尾都沒有推翻我研究出來如鐵一般的事實。」柯爾比是位典型的性情急躁者，他聽到此話後，怒氣衝天，不惜千里跋涉趕到荷蘭，找范特霍夫辯論。

當柯爾比怒氣沖沖地踏進范特霍夫的辦公室時，范特霍夫熱情相迎接待，等柯爾比發完火，再冷靜而謙遜地闡述自己的觀點，使柯爾比很快地消除了誤解。兩位科學家從此「化敵為友」，欣然攜手合作，彼此截長補短，共同在化學領域貢獻聰明才智。

這則故事對我們有所啟示，對待性情急躁者對你的誤會，最為明智的是遵循下述三個原則：

1. **冷靜**：當性情急躁者對你產生誤會時，不管他如何生氣，你都要保持冷靜，始終報以泰然處之的微笑。這種微笑，對自己而言可以擺脫尷尬局面；對對方無疑是澆上一盆冷水。一方面可以使對方欲進不能，避免事態惡化；另一方面，可以使對方恢復理智，平息怒氣。

2. **謙遜**：當性情急躁者誤會你時，不管他用的語言多刻薄，語氣多生硬，都應心平氣和地傾聽，邊聽邊分析概括其意圖。如果是自己有些不周到的地方，應坦然承認，並致以謝意；如果是對方錯了，也應從中找出其所以導致錯誤結論的原因，然後採用「你說的不無道理，但是……」既保全對方自尊，又可澄清事實。

3. **寬宏**：「宰相肚裡能撐船。」對待性情急躁者的誤會，要顯示出自己的「海量」，以柔克剛。他吵，你不吵；他凶，你不凶；他罵，你不罵，一個巴掌打不響，干戈就動不起來。在你的寬宏大量下，對方遲早會自感沒趣，進而收斂自己。如果對方動火，你也跟著動火，針尖對麥芒，最後你自己亦將陷進無法收拾的困境。

心理學家認為，性情急躁者往往精力充沛，熱情、直率，其情緒來得快去得快，來得猛烈，去得也乾淨，頗似六月天的雷陣雨。等雷聲過，雨點停，呈現的天空將格外蔚藍。

事實說明，性情急躁的人大多言必行，行必果，敢作敢為。同這種人交往，只要避過一時鋒芒，待其情緒平定後，再論是非比一般人容易得多，在真理和事實面前低頭也比一般人來得容易，來得徹底。在現實生活中，許多肝膽相照的刎頸之交，往往就是這樣「不打不相識」的結晶，范特霍夫與柯爾比的情誼不就是這樣結成的嗎？

與同事互動的注意要點

要想得到同事的信賴和好感，僅僅依賴向同事投以友善和熱情是不夠的，還要自我表述、自我展示、自我發揮才行。那麼，在與同事交往中，應該注意什麼問題呢？

1. **同事間要多些信任**：雖然相信別人有一定的風險，但不妨抱著這樣的態度：如對方想騙我，那讓他騙一次吧！第二次注意點就行了。而且那也是自己看人的眼光不準確，當作是學習的代價吧。有了這種觀念，與人交往時就不會再有勉強的態度，哪怕是第一次見面的人，也能很好地進行交談，建立良好社交關係。如果只是封閉自己，結果雖能與有害的人隔離，卻也會失去知己。還是讓我們放開心胸，廣交良友吧！

2. **同事間應該多些真誠**：與同事相處應該真誠，當他工作上有困難時，你應該盡心盡力給予幫助，而不是落井下石；當他徵求你的意見時，你不要給他發出毫無意義的稱讚；當他在無意中冒犯了你，又沒有跟你說聲對不起時，你要以無所謂的心情，真心真意的原諒他，如果今後他還有求於你時，你依然要毫不猶豫地幫助他。

有人會問：「為什麼我要待他這麼好？」答案是：因為你是他的同事，你每天白天一大半的時間都是跟他們在一起，你能否從工作中獲得快樂與滿足，與你朝朝暮暮相處的同事有很大的關係。當你在辦公室裡，沒有人理你，沒有人願意主動跟你講話，也沒有人向你傾吐談心時，你還會覺得你的工作有意思嗎？

3. **與同事保持合適的距離**：在任何時候只有和同事保持合適距離，才會成為一個真正受歡迎的人。你應當學會體諒別人，不論職位高低，每個人都有自己的工作範圍和責任，所以在權力上，千萬不要喧賓奪主。但也不能說「這不是我的事」這類的話，過於涇渭分明，只會破壞同事間的關係。

公私分明也是很重要的一點。同事眾多，總有一兩個跟你特別投機，可能私底下成了好朋友。但不管你職位比他高或低，都不能因為關係好而進行偏袒縱容。一個公私不分的人，是成不了大事的，更何況，上司對這類人最討厭，認為這是不能信賴的人。所以你應該有所取捨。

與同事相處，太遠了顯然不好，人家會誤認為你不合群、孤僻、性格高傲；太近了也不好，因為這樣容易讓別人說閒話，而且也容易使上司誤解，認定你是在搞小團體。所以不即不離、不遠不近的同事關係，才是最合適和最理想的。

與同事溝通的技巧

1. **不要隨便批評別人**：你和同事閒聊談到某位同事的一些缺點時，對方雖然沒有反駁你，但實際上在他心裡卻另有看法。首先他會想：「你為什麼老喜歡自以為了不起？總是以說別人壞話的方式，來提高自己的形象？」其次，他會覺得你缺乏容納他人的心胸。每個人都有優、缺點，與其揭人之短，為什麼不提出對方的優點，給予適當的肯定呢？再次，他會對你不信任，因為誰知道自己在什麼時候也被你在背後說壞話呢？

因此，要同事們對你有好感，就不該帶有偏見地評斷別人。如果你耐心傾聽他人說話，不打斷對方讓人把話說完，你會對他有意想不到的新認識。你要知道，從傾聽任何人的談話中都會有收穫的，這就跟讀書一樣。

2. **包容不同的意見**：在和同事交往當中，你常會發現別人對某種問題有不同的看法。社會上的人是無法以唯一的尺度去看待的，所以我們要用寬容的態度與人交往。

3. **態度溫和有禮**：有良好人際關係的人，表情自在，臉上總帶著微笑。他不說話也像是在告訴你：「我正在聽，請你繼續說。」他不會讓別人看到自己自高自大，而是常以和藹的面貌與人交往，所以讓人覺得他值得信賴而與之交往。

例如你剛因工作上的一些事情被上司批評，心中感到委屈。這時如果有位同事能靜心傾聽你的敘述，並心平氣和地分析你所犯的錯誤，予以安慰，那麼你就很容易打開你的心扉，坦誠地與他交往。

有理不在大聲

和難相處的人在一起工作少不了會產生誤會，有時甚至免不了發生一些分歧、爭執，嚴重時還會鬧得面紅耳赤、不歡而散，雙方還可能因此結下仇怨，而產生這種誤會的主要原因不外乎以下幾點：

1. 雙方沒將問題闡述清楚，有些含糊、不坦白。
2. 雙方談話激烈，互不相讓，過分強調自己的見解和理由，未能靜下心來，弄明白對方的真正意圖。
3. 雙方可能均具有個性又難以克制，時常為一點小事暴跳如雷。

由於以上導致分歧的因素的存在，你和難相處的人之間就可能發生誤會，甚至發展到爭吵的地步，這些都會給雙方在心理和感情上蒙上一層陰影，為今後的相處帶來障礙。

如果在工作中，你能以商量的口氣、和藹的語言，真誠地說明自己的意見、看法，則往往能消除彼此之間的誤會，建立良好的同事關係。

一般而言，和難相處的同事共事要一心從工作出發，切不可隨意傷害他們的自尊心。無論是因公還是因私，都最忌諱扯著嗓子，怒氣沖沖地大聲爭吵。

中國有句老話，叫做「有理不在聲高。」散文家說：「善良的天性比機智更令人愉快，穩重的心態比伶牙俐齒更讓人佩服。」與他人意見有分歧，完全可以透過討論和協商來解決。只要出於善意，討論也同樣會令雙方像促膝談心一樣愉快。相反的，那種毫無分寸和理智的對抗，一面激烈地攻擊對方，一面拚命地維護自己，是有良好教養的人所不為，也不該為的事。

當然，不能籠統地說凡是發怒的人，看法都是錯誤的，而是說你沒有以一種好的方法表述自己的見解。討論的原則是：要用無可辯駁的事實及從容鎮定的聲音，保持冷靜、理智和幽默感，讓雙方都能專注於問題本身而不是感情用事或固執己見，那麼，討論就不至於演變為誤會和爭執，分歧也就很容易消除。

如果你的聲音漸漸提高，說出「我認為這種想法愚蠢透頂！」那就是一種傷害對方的反駁了，為了贏得一場分歧而和同事水火不容，是一件得不償失的事情。與他人相處應盡量消除分歧、避免誤會，加強相互之間的感情交流與業務合作。

當然，在與難相處的人交往時，也不能對一些原則性的分歧一概迴避，必要的批評是不能缺少的，但一定要盡量避免誤會。在意見相左的情況下，應該誠懇而虛心地聽取意見；在對方意見不正確還要強詞奪理時，應該勇於辯護，並且要作積極的辯護。不要怕被認為是頂撞，不辯解只會使他們對你的印象更加惡化，絲毫不會考慮到自己也有責任，而沉默不語的回應方式，只會使問題更加複雜、難以化解。

辯解的困難之處在於雙方都意氣用事，頭腦失去了冷靜，關係越辯越僵。但越是遇到這類棘手的問題，就越應該積極辯明以避免誤會。其要點主要是不要畏懼，不必害怕難相處同事的聲色俱厲，越是嚷得凶其觀點越是經不住考驗的。那麼，我們該如何辯解呢？

1. **把握時機**：尋找一個恰當的機會進行辯解非常重要。

2. **自我反省的事項要越簡單明瞭越好**：適當地點一下就行，但要點到本質上，說明對自己的觀點有足夠的認識。

3. **辯解應該越早越好**：辯解越早，分歧消除得就越快；遲遲不說明，越拖越誤事，雙方會一直相持不下，誤會將很難避免。也許，你會感到困惑，覺得與難相處的同事發生衝突是不應該的。其實，只要在處理這等事時有原則和保持冷靜，一樣是可以應付得瀟灑俐落，又不至於產生壞影響。

4. **對事不對人**：切莫把私人恩怨算在公事的帳上，這只會徒增絆腳石。試想，若對方因仇視你而處處敵對，事情只會越弄越僵。

5. **應著眼於雙方利益和價值觀，而非只著眼於自己一方**：如果萬事只有利於己方，對方當然寸步不讓，所以利己利人最有效。

6. **你要弄清自己和對方辯解的目的**：以冷靜、堅定和變通的態度去與對方商議並適當地忍讓，這往往是達到目的的最佳手段。要根據客觀的標準去解釋，凡事容忍卻不失自己的原則和立場才不會招致損失。

在這裡引用一段名言，也許會對你有所幫助：

人能成全他人，也能毀棄他人；互相幫助能使人奮發向上；互相抱怨會使人畏縮不前。只要你能理智地消除與同事之間存在的分歧，最大限度地避免誤會，就能達到團結同事的目的。

提出建議三要點

要在工作上有效地提出建議，避免被別人誤解，請注意以下三點：

1. **當場直接說明。**
2. **舉出具體的問題、重點，給予指示。**
3. **不要感情用事。**

當然，建議的時機與場所也很重要，特地把對方約到公司外面的咖啡廳，提出「從半年前我就開始注意……」這種話只會讓對方覺得你很陰險。最好還是在當場即時地、率直地說出來，才是聰明的做法。

建議與抱怨不同，要清楚地舉出具體的問題，針對問題提出解決的方法。「你如果這麼做，這件事就會變成那樣，所以這樣做比較好。」如此分析道理，自然能讓對方接受。

「為什麼做不到？」「你不想做嗎？」「看事不要太天真了！」像這些抽象的、感情用事的說法只會激起對方的反感，不適合在建議時使用。

以上三點當然要視情況不同而加以改變，適時應用，才能點燃辦公室活力的火苗！

不把下屬當「阿斗」

信任，是人際交往中的最高獎賞，它使人際交往充滿了誠摯的友情。一份信任，勝似千言萬語，給人勇氣、信心、溫暖與力量。心理學家證明：渴望信任是人類心理的普遍需求之一，據測試：被信任的兒童，其學習成績大大高於得不到信任的兒童的成績。獲取成就的人，百分之六十五都可以得到相當的信任。所以，古人早有高論：「不寶金玉，而忠信為寶。」為什麼要強調以忠信為寶，就是為了取信於人。

在日常工作中，信任下屬是非常重要的。可以這樣說，建立起充滿信任的上下屬關係，是工作中避免誤會、獲得成功的奧妙所在。不信任下屬，把下屬當「阿斗」，就不可能做好管理工作。

1. **信任可以使下屬得到情感上的滿足**：人的需要是多方面的，第二次世界大戰期間，美國心理學家馬斯洛把人類需要劃分為五個層次，提出了「需要層次理論」。他認為，人類的需要是分層次出現的，按照它們的重要程度和發生順序，由最低級的需要開始，向上發展到高級的需要，呈階梯狀，即：生理需要——安全需要——社會需要——尊重需要——自我實現需要。

①生理需要：這是人類最原始、最低級、最迫切也是最基本的需要。它包括維持生活所必需的各種物質上的需要。這些需要如果不能滿足，人類就難以生存下去。從這個意義上說，它是推動人們行動的最強大動力。

②安全需要：當一個人生理需要得到滿足後，就希望滿足安全需要。安全需要包括心理上的安全、勞動安全、職業安全、環境安全、經濟安全……等等。

③社會需要：一個人在基本滿足前兩種需要後，社會需要開始成為強烈的動機。它包括社會的欲望和歸屬感等。馬斯洛認為，人是社會的動物，每個人都有一種歸屬於某一團體或群體的感情，希望成為其中的一員並得到相互關心和照顧，不感到孤獨，因此有與社會交往的需要。

④尊重需要（心理需要或自尊需要）：指自尊和受人尊重，這是一種社會承認。這

類需要很少得到完全滿足。

⑤自我實現的需要：這是最高層次的需要。要求最充分地發揮一個人的潛力，實現個人理想、抱負的需要，做一些自己認為有意義、有價值的事情。這種需要包括勝任感和成就感。具體表現為：有出色完成任務的欲望、喜歡承擔挑戰性工作、能廢寢忘食地工作、把工作當作一種創造性活動並取得成功。

我們要特別注意下屬最高層次的需要，最大限度地滿足下屬的勝任感和成就感。在實際工作中，我們經常可以聽到有的人這樣說：「辛苦一點沒什麼，只希望上司能夠信任我們。」可見「信任」兩字在下屬心目中是多麼有分量！從某種意義上說，信任就是對下屬的尊重，就是滿足下屬自我實現的需要。

2. **信任也是一種用人藝術**：古人云：「士為知己者死。」何謂知己？就是瞭解他人、信任他人，並充分發揮他人才能的人。上司一定要努力成為下屬的「知己」，使下屬心悅誠服，努力工作。

有人說過這樣一句話，「上司把我當人，我把自己當牛；上司把我當牛，我把自己當人！」細想一下，這句話的涵意是多麼深刻啊！首先，全部問題的關鍵，在於是否把下屬「當人」！上司應該尊重下屬、理解下屬、信任下屬，而不應該視下屬為草芥，把下屬「當牛」。否則，結果是完全相反的，而且帶有對抗性。一旦下屬把自己「當人」，就有可能把上司「當牛」，進而看不起你。其次，管理者有責任使下屬認識到自身存在的價值，最大限度地發揮其潛能。從這個意義上說，你的信任也是一種原動力。

3. **要大膽地信任那些值得信賴的人**：對那些值得信賴的下屬要委以重任，讓他們獨立地開展工作。不過，信任下屬，絕不是說盲目地、不加分析地信任每一個下屬。如果那樣的話，上司的存在也就顯得多餘了。那麼，要如何分辨哪些下屬是真正值得信任的呢？這雖然很難下定義，但可以以實踐為標準，在實際工作中逐步認識和把握。例如，對在實踐中顯露出某一方面的才華並取得成績的人，你應大膽地信任他們、培養他們，使他們逐步成為某一方面的行家高手。再例如，有些人很有毅力和耐力，遇到困難不輕易放棄。對於這樣的下屬，可以充分地授權他們去處理那些棘手的難題，或單獨外出執行某項重要任務。

好上司與壞上司

如果你要避免誤解，真正贏得人心，協調好同下屬的關係，必須講究誠實。誠實包括實事求是、求真務實、光明磊落、待人誠懇、開誠布公、表裡如一、說到做到……等多方面的要求。作為上司，應該把下屬看成是志同道合的戰友，是分工不同、目標一致的「夥伴」。因此上下屬之間應該坦誠相見，有一說一，有二說二，不應有任何的虛偽和做作。

但在實際生活中，有的上司不注意培養誠實的作風，因而遭到下屬的強烈反對，而且帶來了很不好的影響。上司一旦失去了下屬的信任，彼此溝通就會出問題，人為地製造了上下屬之間的矛盾，所以好上司應做到：

1. **言必信，行必果，不要出爾反爾**：「說話要算數」，這是下屬對上司的基本要求之一。因此，上司對自己說的話要負責，尤其是答應下屬辦的事要兌現，不能信口開河、出爾反爾。這就要求你要做到以下幾點：

一是說話時要審時度勢，面對現實。一時難以辦到的事，不要給下屬「吊胃口」；根本無法辦到的事或沒有把握辦到的事，就不能向下屬做出某種承諾，否則後患無窮。

二是說話要留有充分的餘地。從某種意義上說，下屬總是把上司的話當「聖旨」，特別在關係到下屬的切身利益問題上，上司的一個暗示，一個許諾，都將成為下屬的一種企盼和長久的希望。因此，你說話一定要留有餘地，不能說大話，說空話，只圖下屬一時的滿意和高興。一旦你的許諾難以兌現，下屬就會表示出極大的失望和不滿。所以在這個問題上，寧可把話說得靈活一些，而最終的結果又比下屬預料的還要好，那麼下屬對上司的感激之情一定會更加強烈。

三是說了的事就要辦。既然答應下屬要辦某件事，就應該全力去辦，努力辦好，不能「只打雷，不下雨」。

2. **要講真話、心裡話，不要虛情假意：**語言是心靈之窗。有沒有真實情感，主要看是不是講了真話、心裡話。在這方面，有幾個場合應特別注意：

一是與下屬談心交心時，應以誠感人。

二是在評論人或事的時候，要客觀、公正，令人信服。比如，對本部門工作成績的估價，如果誇大其詞，不實事求是，就會給下屬留下狂妄自大、文過飾非的印象。

三是在工作中出現失誤或挫折時，要站在全局的立場上，勇於承擔責任，多作自我反思和自我批評，以利於下屬吸取教訓，樹立信心，進一步做好工作。最要不得的是推卸責任，好像只有自己是正確的，是早有預料的「神人」。這種事後諸葛的做法，只會造成下屬對你的不信任和不配合。

3. **要以誠待人，不要小鼻子小眼睛**：如果你講究誠實，以誠待人，這是有力量、有水準的表現。因為弄虛作假，虛情假意，可能會得逞一時，但終究是站不住腳的。因此，在與下屬相處的過程中，要通過自己的一言一行，給下屬以強烈的誠實感，尤其要豁達大度，要能夠容得下事，容得下人。常言道：「大人不記小人過。」作為上司的應該比下屬站得高些，看得遠些，應該比下屬有更寬廣的胸懷和更高的涵養。因此，對於來自下屬的批評、建議和要求，應本著實事求是的態度，積極而穩妥地加以處理，切莫不可言行不一，當面說一套，背後做一套。

與上司交流的反應

許多職員和上司交談時，往往只是緊張地關注著上司對自己的態度好壞，構想自己應做出的反應，而沒有認真地聽清上司說些什麼問題。其實，好的職員不僅能理解上司所談的問題，還能夠理解他的話裡蘊含著什麼樣的暗示。這樣，才能真正理解上司的意圖，明智地作出反應。

而要如何做到這一點呢？首先，當上司講話的時候，你要設法排除一切使你緊張的意念，專心一致地聆聽上司講話的內容；眼睛要一直注視著上司，這樣給他一種你在聽的感覺，必要時還要做一點紀錄。在上司講完之後，你可以稍思片刻，也可以問一兩個問題，真正弄懂他在說什麼、要說什麼，然後簡要地概括一下上司的談話內容，表示你已明白了上司的意思。切記，上司不喜歡那種思維遲緩、交代事情需要一再重複的人。

要想在事業上攀上高峰，發展自我，首先必須對自己正在進行的工作一清二楚，放棄只求盡快完成手邊工作的盲目念頭，設法瞭解手邊工作的意義是什麼，目的何在，掌握通盤的整體狀況後，才能進一步精益求精，成為這一行裡的佼佼者。

若有任何疑惑之處，應開門見山地向上司或前輩請教。在上司看來，這麼一位肯學的職員比那些不懂裝懂、事後卻惹出一堆紕漏的人，更能減輕他的負擔。

大肚能容

上司是否具有肚量至關重要。俗話說「將軍額上能跑馬，宰相肚裡能撐船。」從某種意義上說，上司肚量越大，水準越高；肚量越大，就越能夠團結人；而上司越是能夠團結人，上下屬之間的關係就越融洽。

1. **當下屬不能領會意圖時要有肚量**：作為下屬應該按上司意圖說話辦事，而且應該在透徹地瞭解和準確地把握上司意圖上下功夫。因為上司的意圖有時是隱藏在報告、閒談當中，不是每一個下屬都可以一目了然的。然而，就有一些粗心大意或悟性較低的下屬，他們習慣於按照自己的思維方式來說話辦事，全然不用心體會上司的所思、所想和所要達到的目標，因而往往不能把上司的意圖貫徹到實際工作中去，有時甚至違背上司意圖說話辦事，造成不應有的損失。

在這種情況下，上司對下屬任何的指責和批評都是無濟於事的。下屬不能領會上司意圖，其實上司也有責任，不能全怪下屬。因此，要把功夫用在平時，做到多與下屬交談、交換意見，只有溝通頻繁，下屬才能逐漸領會上司的意圖。

2. **當下屬某些方面不如自己時要有肚量**：下屬某一方面或某幾方面不如上司，這和上司某一方面或某幾方面不如下屬一樣是很正常的。因此，不能以自己的好惡來要求下屬，特別不能因為下屬不如自己而看不起下屬，或者以愛好劃分，把下屬分為幾類幾派。如果那樣做，到頭來真正吃苦頭的是自己。

再比如，上司擅長文學寫作，而在某一下屬恰恰是個弱項，這時作為上司就不能「以己之長，擊人之短」給下屬出難題。如果你要求下屬十全十美，這就非常可笑了，因為任何一個人包括你本身都不可能完美無缺。

3. **當下屬誤解自己時要有肚量**：下屬誤解上司，大多是因為情況不明或上司未說清楚事情的原委。因此，當下屬誤解上司並產生對立的情緒時，上司要因勢利導，主動找其談心，講清情況，消除誤解。

特別是關係到下屬切身利益，比如評優、獎勵……等問題時，下屬站在自身的角度思考問題，一時誤解上司這是常有的事。作為上司，不能與下屬一般見識，更不能與下屬賭氣，在這方面，上司越是有肚量，下屬就越發敬重你，上下屬之間的感情也會與日俱增。

4. **當下屬頂撞自己時要有肚量**：應該說，任何一個上司在受到下屬頂撞時都不會無動於衷的。尤其是當下屬的頂撞伴隨諷刺、挖苦和嘲弄時，上司的反感和反擊情緒會油然而生，有的甚至會大發雷霆，與下屬唇槍舌劍，鬧得不可開交。作為上司，一定要完完全全地避免與下屬正面衝突。因為你手中有權，最終的贏家肯定是你，但雙方「交火」之後的結果只會是兩敗俱傷。

因此，從上司的角度看，當下屬頂撞自己時，一是要保持冷靜，不要使用過火的言詞刺激下屬，造成火上澆油。二是不要與下屬爭高低。當受到下屬頂撞時，如果你非要分出誰是誰非，就有可能使爭吵升級，最終難以收場。三是對頂撞自己的下屬不要記仇。一般說來，下屬頂撞上司是不好的，不可取的。縱然上司有這樣那樣的不足，也不能採取「正面槓上」的做法。因此，對頂撞自己尤其是頂撞得毫無道理的下屬，要寬宏大量，不要往心裡去。可以在事後找一個適當的時機與其談話，給予必要的批評和引導，使其提高認知，改正不足。

5. **當下屬批評自己時要有肚量**：下屬能夠坦誠批評上司，這本身說明下屬出以公心，以事業為重。所以，上司對於下屬的批評一定要抱持歡迎的態度，不論是正確的批評，還是錯誤的批評，都應耐心傾聽，聞過則喜，並做到三不：不打斷下屬的話，讓其毫無保留地把批評意見講完；不中途作解釋，從而迫使下屬「說半句留半句」；不表露不高興或反感的情緒，使下屬放心大膽地暢所欲言。對來自下屬的批評意見，既要聽得進，還要慎重對待，這也是有肚量的表現。

若是下屬的批評意見不正確，則應該加以分析，本著「有則改之，無則加勉」的態度區別對待。一般可採取「冷處理」的辦法，不要急於向下屬作解釋。只要時間允許和無妨大局，可以在事後以適當方式與下屬坦誠交換意見，以求得共識，增進相互瞭解和友誼。

處理下屬矛盾的方法

在調解下屬之間的衝突之前，首先要分清衝突的性質，摸清衝突產生的原因，是利益之爭還是觀點分歧，是誤會還是感情糾葛，然後才能對症下藥。否則糊塗官斷糊塗案，只會弄巧成拙，更加激化矛盾。

在處理下屬之間的衝突時，管理者要注意以下幾個方面：

1. **冷靜公正、不偏不倚**：上司是下屬衝突的最後仲裁者。這個仲裁者要想保持權威，就必須以公平的面貌出現。上司在下屬的心目中，應該是公正的化身，如果過於偏袒一方，被偏袒者自然會擁護你；可在另一方心裡，你將不再有權威性，對你的裁決也會產生成見。所以，公平視之，這是上司在處理下屬之間衝突時最起碼的原則。如果下屬與你有很深的私交，你絕不能帶著感情色彩去看問題，否則將會威信掃地，使自己的命令永遠失去權威。

2. **充分聽取雙方的意見**：中國有句成語：「兼聽則明，偏信則暗。」在處理下屬之間衝突時，最忌諱的就是只聽一面之詞，然後就武斷仲裁。這種做法很容易出現「冤案」，留下複雜的後遺症。即使偏聽之後做的判斷是正確的，未被聽取意見的一方也會心懷不平，這種不滿很容易造成感情衝突。

所以，高明的上司在處理下屬衝突時，不要急於表態，要充分聽取雙方的意見。聽取意見可以分別或召集在一起進行，一般來講，利益衝突最好分別瞭解情況，避免矛盾激化。如果發現誤會，最好讓雙方當面闡述，以得到相互諒解。

3. **調解衝突的技巧**：要根據不同的情況和不同對象的特點去靈活處理，常見有以下幾種方法：

①曉以大義：這種方法主要用於為了維護局部利益的下屬間所發生的衝突。現代社會的一個重要特點就是分工嚴密，這樣可以提高工作效率，但同時也帶來了一個不可避免的缺陷——各個專業分工者之間缺乏相互瞭解。

如果在這種情況下雙方發生衝突，管理者應該讓衝突雙方瞭解對方的處境，在這之後，衝突雙方就會心平氣和地坐下來商議解決的辦法。因為雙方都明白，單純指責對方是無濟於事的，只有相互配合，密切協助才能解決問題。事實上，當雙方均以企業或部門的整體利益為重，心中的怒氣就會完全化為烏有。

②交換立場：在局部利益衝突中，衝突雙方所犯的錯誤多半是考慮自己，以自己為中心，而不能體諒對方。要想讓他們互相瞭解、體諒對方的最好辦法，莫過於讓他們各自站在對方的立場去考慮一下問題。當雙方確實做到這一點後，可能會立即握手言和，平心靜氣地協商一種積極性的解決衝突的方法。孔子說：「己所不欲，勿施於人。」正是設身處地，從他人的角度看問題而得出的結論。

③折衷調和：很多情況下，衝突的雙方均各有道理，但又各執一詞，很難明確地判斷誰是誰非。這時候，折衷協調、息事寧人是很好的解決辦法。

魯迅曾講過一個故事：大家都悶在一個漆黑的房子裡，一部分人無法忍耐，揚言要掀掉屋頂；而另一部分人反對，認為如此情況會更嚴重，還不如維持現狀。於是幾經爭論，大家妥協了，決定開一個窗，顯然要是沒有激進派的大聲呼籲，就不會開一個窗，而大家就可能會憋死；而若沒有保守派的反對和牽制，大家就要因莽撞地掀開屋頂而遭受雨淋。所以，各種觀點和思維在這個社會上均有它們的地位，爭論與衝突後的妥協將導致中庸，而用這種調和折衷的方式解決衝突可謂一石二鳥。

④創造輕鬆氣氛：發生衝突後，衝突雙方均抱有成見和敵意，所以在進行調解時，首先要緩和氣氛，這時選擇場合和時機很重要。調解不一定要在會議上，有時在餐桌上、家裡等地方效果會更好。

在比較輕鬆的場合中，衝突雙方不帶防備心理，比較容易傾聽對方和調解人的意見，也比較容易互相諒解。管理者這時也不應板著面孔，用公事公辦的口氣說話，而應給予適當的幽默。

⑤冷卻降溫：衝突發生之初，雙方很激動，立即調解往往收效甚微，這時，明智的管理者應暫時將雙方分開，等雙方的情緒冷卻、頭腦清醒之後，再進行調解。

⑥注意給雙方留台階：在下屬間的衝突中，有一種情況是經常發生的：衝突雙方均知道錯了（或有一方意識到錯誤），但礙於面子硬撐著，互不讓步。這時要注意給雙方台階下，以免造成僵局。

瞭解下屬要求的五種方法

下屬的需求和不滿不會明明白白地寫在他們臉上，要想避免誤會發生，充分發揮下屬的積極性，與下屬團結協作，縮短與下屬的距離，就要想方設法瞭解他們心中的需求，以下是最有效的五種方法：

1. **深入基層**：只要端一碗飯到餐廳去吃，就可以從人們在飯桌上所發的牢騷中，聽到他們對某些人或事的意見。這對管理是大有益處的，人們在牢騷中將要比會議中直率得多。除了公共場合外，還可以到下屬家或邀請他們來自己家中串門子，利用私下閒談來瞭解對方。一般而言，在這種場合下，對方沒有戒備心理，容易暴露出真實的想法。

2. **建立資訊網**：身為管理者，無論與下屬混得多熟，總是或多或少還有點距離感，所以當著上司的面，下屬什麼話都不敢說或不方便說，而利用資訊網則可以避開這個缺陷。上司可以找一些比較可靠的人，專門為他搜集下屬的意見和想法。同時，一個人的精力有限，利用資訊網可以延長自己的聽覺和觸覺神經，如果請秘書去蕪存菁，將整理後有價值的資訊報告上來，會大大提高效率，節省了你的時間。

3. **設意見箱**：可以在一些地方設立意見箱，下屬有什麼要求、意見，可以寫信投入信箱，鑰匙由可靠的人專門保管，定期取信。

4. **定期接待來訪下屬**：每星期或每月有一定時間在辦公室專門接待來訪的下屬。下屬如有意見、有困難、有要求，可以在接待日來訪反映。如果你確實很忙，可以委託可靠的人代為接待。

5. **民意測驗**：可設計一些問卷讓大家進行抽樣調查，然後以個體調查結果推測群體意向，這樣的答案是比較客觀的。在瞭解大家的要求、不同類型的人的不同要求，甚至個人的個別要求之後，就等於掌握了每個人身上的發動機鑰匙，上司可以根據對方的要求，啟動這架發動機，將個人利益和集體利益有機地協調一致，使每位下屬都能自願地盡自己的最大努力來工作。

常向下屬請教

水準再高、能力再強的上司，也不可能無所不知、無所不曉，處處比下屬高明。在實際工作中，上司在某一方面不如下屬的現象是很普通的。

對於上司來說，向下屬請教也不是一件容易的事。有的上司很不善於或者很不樂意向下屬請教，究其原因，主要有以下幾點：

一是剛愎自用，自以為是。以為自己事事正確，好像向下屬請教是多餘的、不必要的。這樣的上司很容易陶醉於下屬表面上的一致和服從。

二是故作清高，放不下身段。這樣的上司往往把自己的外在形象看得非常重要，似乎不擺出上司的架勢就不叫「上司」了。其實，這樣做是很難與下屬打成一片的，也很難聽到下屬的心裡話。

三是怕丟面子，樹立不了威信。其實，越是怕丟面子就越容易丟面子。向下屬請教，本來就不是一件丟面子的事，也根本不可能影響上司的威信，因為下屬沒有必要也不可能把上司看做是完人。在下屬看來，上司向下屬請教，是不恥下問的表現，是尊重下屬的表現，也是管理者的美德。事實上，那些善於向下屬請教的上司，非但沒有降低威信、丟掉面子，反而提高了威信，贏得了好名聲。

那什麼時候該向下屬請教呢？

1. **自己不懂的東西要虛心向下屬請教**：不懂就是不懂，不能裝懂，不懂裝懂就很容易鬧出笑話，真的丟了面子。事實上管理者又不可能十八般武藝樣樣精通，這時該怎麼辦？借助下屬的力量不失為良策之一。

因此，在遇到自己不懂的東西時，除了刻苦學習外，一定要虛心地向下屬請教，向一些內行的人請教，這樣必定能收到事半功倍的效果。有人曾說過，你向別人討教，別人會感到高興，而且一定會盡全力助你一臂之力。只要從思想上徹底改變老舊過時的觀念，很多問題就能迎刃而解了。

2. **越是碰到難題越是向下屬請教**：管理工作不可能一帆風順，碰到棘手問題是常有的事。在這種情況下，有的管理者片面地認為，向下屬請教一般問題容易有所收穫，向下屬請教重大問題可能收穫不大，有的甚至怕浪費時間、耽誤事情。會產生這種認識的根源，還是把下屬都看做平庸之輩，覺得他們不如自己，因而不能始終如一地虛心向下屬學習，這不能不說是一大錯誤。

俗話說：「一個籬笆三個樁，一個好漢三個幫。」「三個臭皮匠勝過一個諸葛亮。」越是在困難的時候，越是要得到下屬的大力支持和通力合作。而管理者越是在關鍵時刻和重大問題上及時地、虛心地向下屬請教，下屬往往會表現出空前的熱情與幹勁，想辦法為你排憂解難。有時即使沒能幫上大忙，但同舟共濟、患難與共的種子，已深深地播在每一個下屬的心裡，這非常有利於協調好與下屬之間的關係。

3. **在自己覺得正確的時候，尤其要注意向下屬請教**：作為管理者，在自己認為沒把握的時候，主動向下屬請教是容易做到的，不過在自己認為正確的時候，仍然要向下屬請教就不那麼容易了。

事實上，在管理者自認為正確、覺得不需要徵詢下屬意見的時候，往往是做出錯誤的或片面的決策之時。如果事先根本就沒有作調查研究，只是憑自己的經驗，那做出錯誤決策的可能性就更大。

在向下屬請教時，還要注意把握以下幾點，以取得良好的效果：

1. **要真誠**：向下屬請教本是一件值得稱道的事，但如果心不誠，只是做做樣子，那就容易引起下屬的反感。誠心誠意地請教，主要表現在態度要誠懇，言詞要懇切，而不是虛情假意。所以，在向下屬請教時，首先要注意打消下屬的顧慮，不要讓下屬覺得你只是隨便問問，否則下屬就很難暢所欲言，毫無顧慮地說出自己想說的話，特別是反對的話。

2. **拿重要問題向下屬請教**：所謂重要問題，一般是指一間公司、一個部門的大事，或者是上上下下都關心的事。如果只是拿枝微末節的問題請教下屬，而重要問題喜歡個人說了算，則下屬很容易產生被愚弄的感覺，從而對上司的請教失去興趣和熱情。時日一久，你的請教也就沒有多少實際意義了。

3. **要有自己的見解**：向下屬請教，不能只是提出一大堆問題要求下屬回答，而應該有自己的想法，哪怕是不成熟、不全面的想法。因為管理者是掌握全局的，對情況比較瞭解。這就要求在向下屬請教或徵詢意見前，一定要對自己提出的意見、計畫或方案進行認真思考，反覆推敲，盡可能有一個好的框架或思路，如果能形成一個初步的文字稿則更好。

4. **積極採納下屬的好意見**：作為管理者，向下屬請教的最終目的是為了改進工作、實施正確管理。因此，對下屬提出的好意見和建議，應積極採納，切不可將其束之高閣，或者只是稱好，卻不打算吸取其有益的成分。如果這樣做，就會挫傷下屬的積極性，也會使請教和徵求意見成為空有其名。

CHAPTER 7

化解上司誤解的策略

和上司發生誤會可能是最可怕的誤會了！因為這不僅會耽誤工作，也有可能讓上司對你產生誤解，進而影響你將來的發展。

打落門牙和血吞

俊傑是一家成衣公司的保全科副科長。他工作紮實，盡心盡力，在公司有良好的聲譽。有一天早晨，他剛走進公司大門，便被老闆叫到了辦公室。

「俊傑，你們保全科是幹什麼的，昨天晚上安排幾個人值班？值班時都在做什麼？」老闆沖著他劈頭蓋臉就是一頓斥責，「你也有不可推卸的責任，你當月的獎金全部扣除！」

俊傑心裡不明白到底是發生了什麼事，話又說回來，即使有事也怪不上自己。昨天晚上他休假，是陳科長帶的班呀！事後，他才搞清楚事情的起因。原來昨天晚上有幾個竊賊潛進公司財務科，偷走了一筆採購款，老闆為此大動肝火。

儘管這樣，俊傑仍認為責任不在自己，為什麼要訓斥他，還要扣掉當月獎金呢？俊傑思來想去始終想不通。心高氣傲的他，委屈得直想哭，心想：「我平時工作那麼認真，為了公司的安全付出了多麼大的心血呀！老闆平白無故為什麼要處罰我呢？」他想找老闆論理，討個說法。轉念又想：「人在屋簷下，怎能不低頭？如果為了這點事破壞了自己以往的形象，實在有些不划算。打落門牙和血吞，暫且當一次替罪羊吧！」

發生這件事後，俊傑並沒有把自己的情緒帶進工作中，依然兢兢業業，依舊任勞任怨，見了老闆彬彬有禮，好像什麼也沒有發生。

後來，警察破獲了那天晚上的盜竊案，保全科的陳科長因涉嫌此案被依法逮捕了。不久，公司對保全人員進行調整，充實了力量。俊傑被升為保全科的科長，負責全公司的安全保衛工作。

上司也是人，不是神，他不可能什麼事情都瞭若指掌，也會有誤會你的時候，此時你該如何做？奮起抗爭還是「打落門牙和血吞」呢？比較精明的下屬大概都會選擇後一種做法。試想，如果俊傑在受到老闆誤解以後，心中不平去找老闆爭辯或一氣之下一走了之，那又怎能做上科長的位置呢？

因此在和上司相處的時候，要學會把自己的委屈和痛苦隱藏起來，不但要能接受上司的各種指派，還要能夠承受被誤解、被錯怪、被無端訓斥所帶來的苦痛。不能頂撞、不能爭辯、更不能和他對衝。只有這樣，才能用內心的苦水保住你的職位，使上司不厭惡、不排斥你。

畢竟上司都是很注重自己的面子和尊嚴的，就算他知道自己錯怪你了，也不可能當面向你道歉，一切委屈你仍得承受。也許以後他良心發現會補償你的，俗話說得好：「吃得苦中苦，方為人上人！」

準確把握上司的意圖

正確領會和實現上司意圖，這是好下屬的重要標誌。如果說話辦事造成誤會，違背上司的意圖，那就可能「吃力不討好」，把事情弄糟。上司的意圖蘊含在檔案、批示或口頭指示之中，要靠下屬去理解、體會，有時還要向上司當面詢問、請教。

要準確理解和把握上司意圖，特別是出色地完成上司個人交辦的事項，協調好與上司的關係，以下三點不可忽視：

1. **積極為上司意圖的形成獻計獻策**：上司意圖形成以後，作為下屬必須堅決貫徹，全力以赴地去實現上司意圖。但是在上司意圖形成以前，下屬也應該積極地為上司瞭解情況、提供資訊和參考意見。這時，下屬應敢於對上司直言建議，據理力爭，補充、修正，甚至推翻上司的意見。這絲毫不是對上司的不尊重，而是對事業、對上司高度民主、負責的表現。事實證明，這種「參與」越深入，下屬就能越準確地領會和把握上司意圖，執行起來也就越是能夠得心應手。

2. **正確「發揮」，不要自作聰明**：由於上司與下屬的年齡、經歷、所處的地位和所負的責任等情況不同，所以在一般情況下，下屬對上司意圖的認識和把握存有一定的差距。這就要求下屬在實現上司意圖的過程中，既要忠實地按照上司的意圖辦事，又要創造性地開展工作；既要按照上司的意圖正確「發揮」，又不要自作聰明、越俎代庖。

有把握的，不必事事向上司報告；把握不大的，千萬不要合理想像，還是要及時向上司請示，求得明確的答覆。這樣，一是便於上司掌握情況，二是便於上司及時發現問題和糾正偏差。事事處處「不謀而合」，才是最好的結果。

3. **努力加強自身學習和修養**：作為下屬，要成為貫徹上司意圖的得力助手，就必須刻苦學習與本職工作有關的專業知識，不斷提高觀察、分析和解決問題的能力和水準。要善於與各方面的人交朋友，「眼觀六路，耳聽八方」，深入實際調查研究，善於集中各方面的意見，並把這些意見轉化為自己改進工作的措施。只有自身的能力、水準提高了，才能善於領會、正確貫徹上司的意圖。

暗示的技巧

《韓非子》載：楚莊王執政三年，從來不發什麼命令，在政治上也沒有什麼作為，文武百官莫名其妙。有一天，右司馬在馬車裡悄悄對莊王說：「大王啊，我聽說有一隻大鳥棲息在南山之上，三年不飛、不叫、不理羽毛，沒沒無聞，這是什麼道理呢？」楚莊王答道：「三年不動翅膀，是為了讓羽毛更加豐滿；三年不飛不叫，是為了窺看民間的情形。雖然不飛，但一飛就沖天；雖然不鳴，一鳴就驚人。你所比喻的意思，我知道了。」

這個例子告訴我們，暗示上司的時候，要盡量委婉一些，敘述時要點到為止，讓上司自己領悟，說得太「白」了，就失去了暗示的意義。

《左傳》中有個故事：晉靈公勞民傷財要建九層高台，並下令臣屬不得勸諫。大臣荀息笑著說：「大王，我給你表演個小把戲吧！」晉靈公問：「什麼小把戲？」荀息回答，「我可將九個棋子堆疊起，上面再加十二個雞蛋。」晉靈公很感興趣，讓他表演，荀息把棋子堆完，又把雞蛋一個、兩個地加上去，這時晉靈公情不自禁地喊道：「危險！」荀息淡淡地說：「這沒什麼，還有比這更危險的呢！」接著痛切地說道：「大王為造九層高台，到處徵集民夫，造成地無人耕、布無人織，國家已近潰亡，還有比這更危險的嗎？」晉靈公幡然醒悟，於是下令停建高台。

第二個例子告訴我們，暗示上司的方法要因人而異，因事而異，要善於動之以情，曉之以理，使上司在不知不覺中接受你的暗示。

暗示，即是用間接的、含蓄的方式表述自己的意見、態度。在與上司相處的過程中，為了維護上司的尊嚴和威信，你不能不及時、準確地給上司某種暗示，也不能不懂得上司對你的暗示。這種相互暗示的過程，便是配合默契的過程。如果不懂得暗示中的技巧，恐怕發生誤會是在所難免了。

如何暗示，前面已經說過，接著說怎樣領會上司的暗示：

1. **學會「聽話聽音」**：語言是心靈之窗。上司的想法、觀點、意圖等都會通過他的言談表現出來。因此，好的下屬完全可以「聽話聽音」，與上司「心有靈犀一點通」。

聽出上司的弦外之音，並盡可能地滿足上司的要求，這是贏得上司信任的重要方法。當然，上司也會通過旁敲側擊、點到為止等方法，及時暗示你不該說什麼和不該做什麼。這種暗示有時很深沉、很含蓄，不用心體會是不能明瞭其中的意思的。

2. **要善於察言觀色**：上司的一個手勢、一個皺眉、一個哈欠，有時就可能表達一種他不願用語言來表達的意思。因此，你必須留心觀察上司的喜怒哀樂，以把握上司心理，做好自己的工作。

不善於體察上司神態的人，往往會在上司面前「碰釘子」。有的下屬喜歡我行我素，以至於上司對他反感甚至有較大看法時還全然不知，這一點是必須防止的。不過察言觀色，是要你做到「善解人意」，並不是要你時時處處都看上司的臉色、眼色行事。

3. **要有一點「敏感」**：在上司身邊工作，說話辦事呆頭呆腦是不行的；太精明，整天神經過敏也不行。要做到靈活、機靈、靈敏。作為下屬，有時需要有點「敏感」，並善於舉一反三，這樣才能適應上司對你的要求，協調好與上司之間的關係。

被誤解時要忍著點

客觀事物是複雜的，人們主觀認識在反映客觀事物時往往帶有侷限性。因此，下屬在受到誤解和不公正批評時，首先要做到顧全大局，不計較個人的名利得失，要認真地把上司的話聽完，並做到不當面解釋和頂撞。

其次是要有良好的心理素質，要沉得住氣，不往心裡去，從積極的方面去理解上司一時的誤解和批評，做到不耿耿於懷，不妨礙工作。

再次是要善於給上司台階下。最好的辦法，是你及時向上司彙報一些情況，使上司明白自己誤解了你，對你批評錯了，從而消除誤解，增進相互瞭解和友誼。當上司認識到自己誤解了你和批評錯了，也會主動向你表示歉意。這種表示不一定是內疚的反省和自我批評，很可能是一種「暗示」，是幾句「我當時考慮不周」、「我這人有時性子急」之類的話。這時，你千萬不要覺得上司不夠誠懇，因為這種「表示」將沒有明說的話都囊括其中了。

若你善解上司的心意，會使上司覺得你成熟，可以信賴。在這方面，要防止發生這種情況：上司一表示歉意，你便一把鼻涕，一把眼淚，想把一肚子的委屈全倒出來。如果真這樣做，會使上司反感，覺得你太脆弱，經不起風浪，辦不了大事。

與上司交往的九條法則

處理好與上司的關係是有規律可循的，一般應謹記以下九條原則：

1. **瞭解上司**：孫子兵法中有句話叫：「知己知彼，百戰百勝。」與上司交往，應該弄清楚上司的背景、他在公司中的歷史，以及他的工作習慣、事業抱負與個人喜好。不要在不瞭解的情況下，武斷地下結論。例如上司沒有傲人的學歷，你可能懷疑他會嫉妒你的博士學位。但事實上，他很可能認為有個工商管理博士當下屬是很體面的事呢。

2. **態度積極**：成功的上司大都樂觀進取，而且希望下屬也是採取同一態度。一位幹練的下屬很少使用「難題」、「危機」或「挫折」等字眼，而是以「考驗」、「挑戰」來形容困難的情況，然後著手擬訂解決的辦法。跟上司談到同事時，只說他們的長處而不說短處，這樣做既有助於你和別人的合作，亦能增進你善於與別人相處的聲譽。

3. **說話簡明**：時間是上司最寶貴的東西，所以言簡意賅至為重要。所謂簡潔，並非急急忙忙將許多事情一口氣講完，而是能選擇重點，說得直截了當而又清楚明白。

4. **寫公事便箋最好只限定一頁**：如果必須提出詳盡報告，也要附上一頁摘要。文筆好不但可以展示寫作能力，更能反映思考能力，所以下筆前務必先徹底考慮整個問題。善於傾聽的人不僅能聽見上司說些什麼，而且能聽懂他的意思，如此才能夠把握重點，回答得中肯。

5. **凝神聆聽上司說話**：保持目光接觸而不瞪視，必要時可邊作筆記。上司說完之後，你要等待一下，用心體會他的意思。然後，提出一兩個問題，弄清楚幾個要點，或者將上司的話扼要的複述一遍。記住：上司賞識的是那些不必一再叮嚀的人。

6. **信守諾言**：下屬的長處只要能抵消短處而有餘，上司便會容忍。最不能容忍的是言而無信，如果你表示能完成某項任務，結果卻沒有做到，你的上司便會懷疑你的可靠性。發現自己力有未逮時，應盡快報告上司。他雖然會因此覺得不快，但比起日後才發覺會輕微得多。專業管理顧問狄朗尼說：「寧可讓人知道自己犯了無意的過錯，也不要有意地去犯錯。」

7. **自己解決困難**：下屬解決不了自己的困難，就會浪費上司的時間和損害他在公司的影響力。因此，如果你能處理自己的困難問題，不但有助於培養自己的才能和建立必要的人際關係，還可提高你在上司心目中的價值。

8. **「拒絕」要注意技巧**：不要未經思考就立即拒絕上司提到的一項建議。他也許已看到這項建議有某些優點，否則不會徵詢你的意見。如果到頭來你還是不贊成，應該用問話的方式來表示反對，例如：「我們可以這樣改變而不妨礙工作的進行嗎？」如果你說明你的反對是根據他所不知道的有關資料，那就再好也不過了。不要害怕向上司報告壞消息，不過要注意技巧。比起一味奉承上司使他犯錯而不自覺的下屬，願意委婉地指出上司錯誤的人，最後會有更好的結果。

9. **早到而不遲退**：勤勞工作足以顯示熱誠與忠心。想多工作一些時候應在上班之前，而不應在下班之後。因為早上精力充沛，你不會感到疲乏，而且早到還表示「急於著手工作」，遲退則表示「工作還沒有做完」。

切勿因為想跟上司維持良好的關係而過分操心，以至妨害你的創造能力與生產能力，盡量做好自己的工作乃是對待上司的最佳辦法。

不該對上司說的四句話

有時在上司面前說錯了話，雖不至於掉腦袋，後果卻也很糟糕。

俗話說：「伴君如伴虎。」上司畢竟不像一般同事，何況一般同事之間也得注意分寸，不能太無所顧忌。所以與上司相處就更應該注意，平時說話交談，彙報情況時，都要多加小心。特別是一些讓上司不快的話，就更要留心。

1. **對上司說「這事不好辦」**：上司分配工作任務下來，下屬卻說「不好辦」，這樣直接地讓上司下不了台，一方面說明自己在推卸責任，另一方面也顯得上司沒遠見，讓上司沒有面子。

2. **對上司說「您真讓我感動」**：其實，「感動」一詞是上司對下屬的用法，例如說：「你們工作認真負責不怕吃苦，我很感動。」而晚輩對長輩或下級對上級用「感動」一詞，就不太恰當了。尊重上司，應該說「佩服」。如：「經理，我們都很佩服您的果斷。」這樣才算比較恰當。對上司說：「不行是嗎？沒關係。」這話是對上司的不尊重，缺少敬意。退一步來講，也是說話不講方式方法，說了不該說的話。

3. **對上司的問題回答「無所謂，都行」**：過度客氣反而會招致誤解。和上司說話應該小心謹慎，顧全大體。但顧慮過多則適得其反，容易遭受誤解。因此應該善於察言觀色，以平常心去應付，習慣成自然，對這類情況就可以應付自如了。如果想克服膽小怕事的心態，有時越是謹慎小心，反而更容易出錯，會被上司誤認為沒有魄力，不值得重用。

4. **對上司說「你不清楚」**：這句話就是對熟悉的朋友也會造成很大的傷害，對上司說這樣的話，更加差勁。

維護上司的權威

下屬應保持對上司的尊重，切不可流露出對上司意見不屑一顧的神色。一定要把談論工作和個人的能力或尊嚴區別開來，時刻去留意，不能把對工作的看法誤當作對人的看法；也不能讓對方誤解，認為自己對上司本人有看法。

只要上司感到你仍然有維護他的權威，你的意見是針對工作而非是「藉工作之名，行人身攻擊之實」，他們多半會冷靜下來，仔細考慮你的想法。只要你處處替上司著想，上司不是沒有體會的，他最終定會被你的忠誠所感動。

與上司談論問題時，還要注意方式方法，一般來說，要以一種能讓上司更容易接受的方式來說明自己的想法。語氣要溫和，言辭要中肯，重要的是要有分析、有根據，條理清晰、能夠說服別人。

下屬一定要清楚，上司始終是權威，擁有最終的決策權，而你只不過是提供一種建議。對上司說明看法，不要選用那些過於肯定的詞語或方式，而是要用建議的語氣委婉地加以表達。比如說：「是否可採用這樣的方式？」「我想這樣是不是會更好些？」「也許這些看法會對您的計畫有所補充。」「我覺得應該向您反映一些情況。」等等。

向上司提建議還要選好時機和場合。在公開場合不如私下提建議好；事已確定就不如事情尚處醞釀中提建議好；上司正在發脾氣時說，不如等他心平氣和時提建議好；上司情緒低落時，不如選在上司較得意時提建議好。總之，下屬應根據上司的性格、情緒、環境等，伺機而動，選擇一個最能使他接受別人意見的機會提建議。

下屬在與上司說話時，切勿激動，而是要時刻提醒自己，即使自己是對的，也要注意態度、方式方法和時機問題，不要衝撞對方，引起上司的怒火，使他對你懷恨在心。

要讓上司對你另眼相看

要想爭取上司的信任，當然不是一朝一夕就能達成。有人認為「比其他人做更多的工作、超時工作」才是最重要的，但這只是老觀念而已。新一代的老闆會認為：「工作並不算繁重，卻要加班才可完成，這是低智商行為。」

要想使上司對你另眼相看，最實際的是工作盡責外，還要注意以下各點：

1. **學懂每一個流程的進行**：注意你上司如何做他人的工作，怎樣與高層行政人員溝通，其他部門又擔任什麼角色。當你成為這個行業的專家時，老闆當然會對你青睞有加。
2. **幫助上司發揮專業水準**：如果你能幫助上司發揮其專業水準，對你必然有好處。例如，上司經常找不到需要使用的檔案，而你盡快替他將所有檔案有系統地整理好；要是他對某客戶處理不當，你可以得體地幫他把關係緩和；如果他最討厭做每月一次的市調報告，你不妨代勞。這樣，上司覺得你是好幫手後，你自己也可以多儲備一些工作本錢。

3. **提昇工作價值**：要想名利雙收，不可只滿足於做好自己的分內事，還應在其他方面爭取經驗，提升工作「價值」，即使是困難重重的任務，也要勇於嘗試。分析一下哪些問題才應勞煩老闆注意，如果真有難題，請先想想有什麼建議，更不應投訴無法改變的條例。

4. **與上司保持良好的溝通**：這種技巧十分微妙，給上司簡潔、有力的報告，切莫讓淺顯和瑣碎的問題煩擾他，但記得重要的事還是必須要請示他。

5. **耐心尋找上司的工作特點**：以他喜歡的方式完成工作，不要逞強，更不要急於表現自己。隨時隨地抓緊機會表示對他忠心耿耿，以你的態度說明一個事實：我是你的好朋友，我會盡己所能為你服務。不要以為上司很愚笨，如果你真的努力這樣做，他會看在眼裡，一定會很明白你的意思，對你日漸產生好感。

6. **適時提醒**：聽到對公司有什麼不利的謠言或傳聞，不妨悄悄地轉告上司提醒他注意。不過，你的措詞與表達方式須特別注意，說話簡明、直接為最佳方式，以免發生誤會。

7. **適應不同上司的工作方式**：這也是上班族必須懂得的技巧之一。如何去適應一點也不困難，只要本著誠意去與對方接觸，摒棄一切主觀看法或者其他同事的不正確意見即可。

8. **避免誤會**：上司向你交代任務後，你必須先瞭解對方的真意，再衡量做法，以免因誤會而種下惡根或招來不必要的麻煩。

9. **建立良好關係**：誰都知道與上司建立良好的工作關係，對自己的工作是有百利而無一害。自己做錯了事，不要找藉口和推卸責任。解釋並不能改變事實，承擔了責任，要努力工作以保證不再發生同樣的事才是上上之策，同時得虛心接受批評。

10. **要使上司信任你和準時完成工作**：做任何事一定都要檢查兩次，確認沒有錯漏才交到上司面前。謹記工作時限，若不能準時做好，應預先通知上司，當然最好不必這樣做。必須圓滿地把工作完成，不要等上司告訴你應該怎樣去做。

11. **學會配合**：上司願意選擇你做為他的下屬，他對你的印象自然很好，你必須丟開對上司的偏見，事事替他著想，把他的事當成自己的事。很多下屬對自己的上司，都會有以下的評論：他的辦事能力遠不及我，卻表現出不可一世的樣子，只懂得一味批評下屬的工作做得不好，一旦出現問題，他又推卸責任。誰也無法從他那裡得到明確的指示，大家都認為他不是一位好上司。

奈何在現實生活裡，碰到這種上司也只能服從。你感到很氣憤，不過，請你不要忘記：每個人都不是十全十美的，在公司裡與其明爭暗鬥，甚至兩敗俱傷，不如努力與每一個人合作愉快。孔子不是告誡人們「小不忍，則亂大謀」嗎？你應該檢討一下自己的態度，學會與公司裡的每一個人做朋友。

所以說，我們在工作中最應做的是支持、愛戴你的上司。常常站在他的立場想一想，你會發現對方有許多不得已的苦衷，無論遇到任何工作上的困難，對上司都不可過分依賴，避免與他發生任何正面的衝突。尊敬你的上司，你會發覺對方慢慢開始接納你的意見。

讀懂上司，贏得賞識

李續賓是曾國藩手下善於揣測其意圖的愛將。有一次，曾國藩召集眾將開會，分析當時的軍事形勢時說：「諸位都知道，洪秀全是從長江上游東下而占據江寧的，故江寧上游乃其氣運之所在。現在湖北、江西均為我收復，僅存皖省，若皖省克服……」

此時，李續賓早已明瞭曾國藩的意圖，於是順勢道：「大帥的意思，是想要我們進兵安徽。」

「對！」曾國藩讚賞地看了李續賓一眼，「續賓說得很對，看來你平日對此早有打算。為將者，踏營攻寨、計算路程尚在其次，重要的是要胸有全局，規劃宏遠，這才是大將之才。」

與上司相處時能領會上司的意圖，讀懂上司，最能考驗一個人的社交能力。我們經常聽到上司說某某人「悟性好」，也經常聽到上司抱怨某某人「死腦袋」。由此可知，善於領悟上司意圖，是會表現的要點之一。

獲得支持的方法

想在工作中尋求有效的工作成績，獲得大家的認可，首先要在工作中取得上司的支援，這才是我們每個人的工作目標。在這個過程當中，懂得怎樣調動上司的積極性，是一條行之有效的捷徑。

美國著名管理學家杜拉克說：「運用自己上司的長處，才是部屬自身有效性的關鍵，唯其如此，部屬的貢獻，才能獲得上司的支持；也只有如此，部屬才能完成其本身的見解。」那麼，如何才能觸動上司的積極性呢？

1. **要瞭解上司、適應上司**：作為下屬，應該準確知道上司的長處和短處，以及他的工作習慣，並要積極地適應上司的習慣。

2. **與上司交談時不可鋒芒畢露，咄咄逼人**：下屬的聰明才智需要得到上司的賞識，但如果在上司的面前故意顯示自己，則不免有做作之嫌，上司會因此認為你恃才傲物、盛氣凌人，而在心理上覺得你難以相處，使彼此之間產生隔閡。

3. **要讓上司做出最後的決定**：當下屬發現上司的決策、意見有錯誤和失誤而提出忠告時，不是直接去點破，而是用徵詢意見的方式，向上司講明其決策、意見本身與實際情況相違背，使上司在參考你提出的眾多資料時，能整理出你所要說的正確結論。

4. **體諒上司**：上司在整個公司高層的組織中，由於受到主、客觀條件的限制和制約，難免會遇到這樣或那樣的困難，對於下屬提出的要求，也不可能做到有求必應。因此，作為下屬，應該瞭解和體諒上司的難處，多多站在上司的角度換個立場思考一下。必要時主動運用自己的才能，來為上司分憂解難。這樣不僅可以避免與上司產生矛盾和摩擦，而且能夠密切聯繫上下屬關係，奠定獲得上司信任和重用的基礎。

體諒上司要設身處地替上司著想。上司作決策、處理問題，總是根據更高層的方針政策和有關公司的具體情況，具有對整體的指導意義，不可能滿足每一個人的心願。

5. **對待上司的缺點錯誤要客觀公正**：對於任何人來說，缺點、錯誤都是與生俱來、不可避免的。上司自然也不可能違背這一規律。所以只有正確對待上司的缺點、錯誤，才會使我們不失原則地處理好與上司之間的關係。

保持適當的距離

古人云：「君子之交淡如水。」下屬與上司之間無非只是工作關係而已，在工作中你注意與上司保持一定的距離，就會與他們相處得比較好，工作起來也比較順心，更能避免產生誤會的機會。

這種與上司保持一定距離的「內幕」，也不是外人所能全部瞭解的。所以說，與上司相處也是一門學問，是一門人際關係學。作為下屬，既要尊重上司，又不可過從甚密；既要恰到好處地處理好與上司的關係，又不要因為與上司不分你我，產生誤會而影響同事對自己的看法。因此，如何與上司保持一定距離是值得注意的。

1. **要注意與上司的接觸頻率**：在你的上司超過兩位以上的情況下，要時常檢查自己，有沒有與某一位上司接觸過頻的問題。這裡特別要提醒的是，「八小時之外」與上司的接觸最為敏感，必須謹慎處之。逢年過節，禮節性地拜訪上司應另作別論，如果工作之餘經常與某一上司保持接觸，則容易引起種種不必要的誤會。你雖「君子坦蕩蕩」，但總有「小人長戚戚」，還是注意一點為好。

由於工作關係，你可能與某一位上司接觸較多，而與其他上司接觸較少。因此，你應當注意調節「頻率開關」，尋找與接觸較少的上司打交道的機會。

2. **不要有意表現出你與上司之間的親密關係**：毋庸置疑的，每一個上司都有幾個自己喜歡的下屬，每一個下屬也都有幾個自己所尊敬的上司。因此，某個上司對你有好感，你對某個上司很「崇拜」，這都是很正常的。

但作為下屬，一般不要輕易表現出與上司的親暱關係，尤其在公共場合更要注意。如果不管什麼場合，一見到與你關係不錯的上司，你就迎上去東拉西扯套交情，周圍的同事就會對你產生誤會，時間一長，上司對你也就自然而然地冷淡了。所以，當你與上司在工作中建立起一定的親密關係後，一定要珍惜它，不要輕易「露餡」，這樣會在有意無意之間損害它。

3. **不要抱上司的大腿**：要明白，你與上司在人格上是平等的，不是庸俗的人身依附關係。用一句通俗的話講，就是不要「抱大腿」、「找靠山」。你把心思用在盡心盡力、任勞任怨地做好工作上，這本身就是一種建立正常的上下屬關係的表現，也是最好的「保持距離」。

如果你把心思用在琢磨上司喜歡吃什麼、玩什麼、家中缺什麼，要辦什麼事情等小事上，那本身就是一種思想意識的問題了。因此，只要你行得正，坐得端，即使與上司接觸多些，也不會產生閒言碎語，帶來誤會的麻煩。

總之，你與上司保持距離是一個動態的過程，是在自然而然中形成的，如果有意與上司疏遠以示保持距離，或者有意與上司接觸，以示縮短距離，這都是不恰當的。

馬屁不要隨便拍

作為下屬，必須牢固樹立「不拍馬屁」的觀念，努力做到：老老實實做事，堂堂正正做人。因為拍馬屁也會引起誤會，反而壞了你的事。

1. **努力建立正常的上下屬關係**：不管作為上司也好，下屬也好，只有分工不同，沒有貴賤之分，彼此都是為了一個共同目標努力。因此，處理上下屬之間關係的準則應該是：人格上互相尊重，生活上互相關心，工作上互相支援。

作為下屬，首先要認清自己所扮演的「角色」，有較強的「角色」意識，認清自己的位置。「拍馬屁」固然不可取，但那種不分青紅皂白，事事都與上司對衝的人，也不能認為是「不拍馬屁」的好漢。

要贏得上司的信任與器重，最可靠的辦法就是把工作做好。靠「拍馬屁」可能會得意一時，但絕不會長久，因為正直的人是絕對不會賞識那些心術不正的下屬的。

2. **不要言過其實地讚美上司**：「不拍馬屁」，首先要表現在與上司交往的一言一行中。對上司要講真話，說實情，不要投其所好，更不要過度地讚美，有意往上司臉上「貼金」。因為，在正直的上司面前玩弄這種小把戲，日久天長，你必定會受到輕蔑和抵制。

3. **碰到喜歡「拍馬屁」的上司也不要「拍」**：在生活中，也許你會碰到喜歡「拍馬屁」的上司，即使是這樣，也不要低三下四的去迎合上司，做違心的事。上司喜歡下屬拍他馬屁，這不是一般的缺點，而是人格素質的問題。碰到這樣的上司，你所能做的便是「出淤泥而不染」。上司喜歡別人「拍馬屁」，身邊一般都有一些投其所好、專看上司眼色行事的人，而一些有真才實學的人往往得不到應有的重視。處在這樣的環境中，說話辦事要留神，千萬不要陷入「拍馬屁」的圈中去。

當然，喜歡「拍馬屁」的上司只是極少數，即使遇到這樣的上司，也不要灰心喪氣。因為公司除了上司以外還有同事，更何況上司也是可以改變的呢。

最後還要提醒以下幾點：

1. **與上司搞好關係，這不是「拍馬屁」**：下屬要做好工作，離不開上司的關心和幫助。無論是從做好工作的角度來說，還是從同事關係的角度來講，下屬和上司搞好關係都是應該和必要的。

在日常工作中，有的下屬積極主動地為上司出主意想辦法，助上司一臂之力；有的下屬對上司交辦的工作想辦法去完成，即使有很大的困難，也從無怨言，以自己出色的工作能力為上司分憂解難；有的下屬經常向上司彙報工作，以求得到上司及時的指點……所有這些，都不應該看作是「拍馬屁」。如果把整天與上司對衝的人奉為榜樣，似乎只有這樣的人才是「不拍馬屁」的好漢，那麼，我們這個社會恐怕也就不能正常運轉了。

2. **與上司正常交往不是「拍馬屁」**：有意討好上司，為達到某種不可告人的目的而向上司送禮之類的事，當然是屬於「拍馬屁」無疑。但講點人之常情，與上司正常交往，也是正常的。上司也是人，很多事情也需要別人，特別是自己的下屬能夠理解。如果下屬忽略建立這種正常關係，有意疏遠上司，不敢接近上司，這就大錯特錯了。

做個守口如瓶的下屬

要贏得上司信任，不讓上司對你產生誤解的重要因素之一，就是做一個守口如瓶的好下屬。在工作中要做到以下幾點：

1. **要克服高人一等的優越心理**：在上司身邊工作的下屬，權力不大，但影響大；職位不高，但知道秘密的程度高。正因為如此，往往自覺不自覺地產生一種優越心理，隨著時間的推移，這種心理會導致行動上的高傲和驕橫。

有一些這樣的下屬：一旦上司決定了某件事，他馬上像吃了興奮劑一樣，到處口若懸河地亂吹一氣，生怕別人不知道，似乎不這樣做，就不足以證明自己的身分。其實，這是大錯特錯的。

由於工作的關係，你比別人掌握更多機密，但這絕不能作為炫耀自己、抬高身分的本錢。要試著克服不應有的優越心理，把自己擺在普通人的位置上，那麼你就能增強責任感，更好地保守機密了。

2. **要經得起誘惑**：有這樣的人，他讓你喝得酩酊大醉，使你「酒後吐真言」；他上門饋贈重禮，然後從你嘴裡掏出實情；他好像在與你閒聊，實際上是一步步引你上鈎，讓你掉入他的圈套，從而瞭解到他所需要的情報。因此，作為一個好的下屬，必須經得起金錢、美色、威嚇、人情等考驗，始終不失態、不失言。

要做到這點，首先要不斷提高自控能力。二是要少管「閒事」，由於你與上司有一種特殊的關係，所以要求你辦事、打聽消息的人一定會有。在這種情況下，你要抱著「多一事不如少一事」的態度，盡量不主動找事，不主動攬事，因為多管「閒事」免不了要涉及應該保守的秘密。只有做到不該管的事堅決不管，才能有效地保守秘密。

三是要學會正確表達，我們在說話時，有時會出現「說者無心，聽者有意」的情形，特別是在上司身邊工作的下屬，人家知道你掌握不少機密，有時會有目的地與你接觸，你不小心說漏了嘴，別人就會如獲至寶。因此，可以多用一些含糊之詞，以便達到似是而非、模稜兩可的語言效果。

3. **上司要求保密的事一定要保密**：上司要求下屬保密的事，除了工作上必須保密的事項外，還有一些屬於上司個人的秘密，也必須無條件地保密。有時，上司要和各方面的人打交道，處理各種矛盾，有時他會非常強硬，有時又會妥協讓步；有時他會在大庭廣眾之下侃侃而談，有時則只對自己的「知音」傾訴難言之隱……等等。

作為在上司身邊工作的下屬，對上司如此複雜的感情、情緒變化，是可以通過其言談舉止有所領悟的。所以，下屬只能看在眼裡，記在心裡，切不可外傳。這裡提出三點希望大家注意：

(1) 對上司之間的矛盾不要多言：在一起工作，難免會產生一些意見分歧，甚至較大的矛盾。作為上司身邊的下屬，你完全沒有必要介入上司之間的矛盾，更不應該說三道四，不負責任地擴散這種矛盾。最好的辦法是：做好你自己的本職工作，對上司一視同仁。

(2) 對上司的失誤和缺陷要保密：當上司工作上產生失誤時，其心情也是很難受的，作為一個好的下屬，應該多做促使上司振作精神的工作，絕不應該把上司的失誤當作小道消息到處傳播。對於上司本質上就存在的缺陷，更應該區別情況，從關心、愛護上司的角度給予彌補，絕不應該嘲笑、挖苦。

(3)針對上司個人的私事要保密：特別對上司個人生活上、心理上、婚姻上、子女教育上等有難言之隱的地方，更應該注意保密。記得一位名人說過：「任何人在貼身侍從眼裡都成不了英雄。」這個意思是，侍從跟隨上司時間久了，什麼也瞞不了他，尤其對上司的缺點和不足比一般人看得更清楚。因此，下屬要從維護上司的形象出發，學習上司的長處，淡化上司的缺點。如此一來，必然會贏得上司的信任和支持，才能使上下屬之間的關係變得更為融洽。

這樣解釋效果好

在與上司相處的過程中，下屬難免會受到上司的批評，大多數的情況下，這種批評是對的，但也不排除上司有評斷錯誤的時候。在上司批評錯了的情況下，下屬採取什麼樣的態度去「溝通」，這將直接影響與上司的關係。

這裡特別要注意的是，面對上司的錯誤批評，下屬不必馬上解釋，因為你越是急於解釋，越會使上司覺得你不誠懇、不虛心、不樂意接受他的批評。常有這種情況：有的人，本來上司對他的看法不錯，但由於對上司的提醒、勸告乃至批評，不是認真地聽下去，表示誠懇接受，而是急於給上司「頂回去」，有時甚至喋喋不休地表白。久而久之，必然會引起上司的反感。

因此，與上司相處，一定要注意溝通的方法，善用「解釋」。

1. **要事後解釋，不要當面解釋**：上司的批評，是在一定的時間、地點、條件下說出的，上司之所以會做出錯誤的批評，往往也有他的主、客觀原因。比如說，不瞭解事情的全部過程，聽信了別人的誤傳……等等。而且上司的批評，一般是不會輕易做出的，一旦進行批評，那往往是他自認有一定道理。同時，上司的批評，也會伴隨著嚴肅的面孔、言詞、甚至大聲訓斥。碰到這種情況，確實也不是每一個下屬都能夠承受的。

但是為了保持良好的上下屬關係，有利於團結和今後工作，下屬應該忍耐和克制，不要給上司「火上澆油」。即使受到了很大的委屈，也不宜當面頂撞，可以在事後尋一個適當的時機，心平氣和地向上司說明原委、進行溝通。

這種事後解釋的好處很多，它既維護了上司的威信，又表現了你良好的修養；既維繫了上下屬之間的正常關係，又增加了上司對你的信賴和愛護，一般來說，如果上司事後知道自己批評錯了，也會主動作自我批評。如果當面頂回去，就不可能收到這樣好的效果。

2. **要間接解釋，不要直接解釋**：一般來講，間接解釋比直接解釋好。這種間接解釋，也可以是通過第三者進行的，可以是通過電話、文字資料等中間媒介達到的。無論採用哪種方式，都要使上司覺得你很真誠可信。特別是在受到很大委屈的情況下，往往自己又不便說，採用間接解釋的方式，效果就更好。

有這樣一件事：一位首長讓機關裡某個部門起草講稿，當規定的時間到了以後，那位首長為了稿子遲交大發雷霆，後來稿子送去時，當他看到這份講稿撰寫得不錯，而且事後又瞭解到，起草講稿的人是在拉肚子、每天打點滴的情況下完成任務時，那位首長再也沒有追究沒有按時完成任務的責任，並且還在一次員工大會上表揚了寫稿的人。

試想，如果在首長表示不高興時，你跟著就給予解釋，急於一吐委屈，那不但不能受到上司的表揚，反而還會適得其反，增加上司對你的反感。

3. **要「有選擇」地解釋，不要「面面俱到」**：無論是當面向上司解釋，還是透過其他途徑向上司解釋，都要本著「點到為止」的原則，切不可糾纏於細枝末節。只要在大的方面解釋清楚了，上司也明白了，就不必喋喋不休地逐個問題、逐個細節地給上司解釋。如果你不擇要領，不把大的問題解釋清楚，反而在枝節問題上滔滔不絕，那麼，即使你本來有「理」，恐怕也難以收到好的效果。

所以在向上司解釋前，必須要認真思索，把事情的來龍去脈理清楚，弄清何以要向上司解釋，哪一點或哪幾點必須解釋清楚，這樣才不至於在向上司解釋時發生東一樁西一件，什麼都想說，但什麼也說不清的錯誤。

4. **要真誠解釋，不要宣洩心裡的不快**：作為下屬，對上司任何時候、任何場合下的批評，都要本著「有則改之，無則加勉」的態度，嚴格地檢查自己的不足和過錯，哪怕上司的批評有百分之一的正確，都應嚴於檢討自己，主動地、誠懇地向上司作自我批評，不能以為自己只有那麼一點點錯，就不必作自我批評。

上司工作繁忙，頭緒很多，說錯話、辦錯事也是不足為奇的，而當他意識到自己批評錯了，下屬又能原諒他、體諒他，主動作自我檢討時，在無形中就增進了上下屬之間的感情和友誼。如果下屬有錯不認，或者一味地責怪上司，或者等待上司先向自己認錯，那只會導致上下屬關係的緊張。

CHAPTER 8

情感溝通

情感溝通也是溝通的一種，它能軟化人與人之間的關係，減少摩擦。主動付出你的關懷，日久天長，必會得到對方語言上、行動上甚至情感上的回饋。

關心也是溝通的一種

上司也是凡人，一樣希望有朋友同喜樂，解哀愁。下屬如果對上司能做到隨時關心，那麼上司自然會在心中將你當成朋友。

如果你的上司平常身體健康，精力充沛，在工作上也頗得心應手，公司內的人都認為他很有前途，可是有一天，他突然顯露悲傷的神色，很可能是家中發生了問題。他雖不說出來，一直在努力地抑制，可總會不自覺地在臉上流露出苦惱的表情。你對這種微妙的臉色和表情變化，不能不予以注意。你應盡最大的力量，找出上司真正苦惱的原因，並對他說：「經理，家裡都好嗎？」以假裝隨意問候的話，來開啟他的心靈。

「不！我正頭痛呢，我太太突然病倒了！」

「什麼？你太太生病了！我怎麼一點都不知道？現在怎麼樣？」

「其實也不需要住院，醫生讓她在家中靜養。太太生病後，我才感到諸多不便。」

「難怪呢！我覺得經理你的臉色不太好，我還以為你有什麼心事，原來是你太太生病了。」

「想不到你的觀察力這麼敏銳。我真佩服你。」

他一面說著，一面露出從未有過的笑容，此刻你可以知道你成功了。在上司最脆弱的時候去安慰他，這才是當下屬的人應有的體諒和善意。上司悲傷時，我們更不應再去刺激他，而應當設法讓他悲傷的心情逐漸淡化。上司的苦惱，在尚不為人知曉前，若你主動關懷，相信你的這份善意，即使是「鬼」也會受感動的。從此以後，上司自然會心甘情願地幫你辦事。

但同時要注意，下屬與上司的交往畢竟還是有顧忌的，不能喪失自尊像個跟班似的跑在上司後面，大事小事都隨聲附和，連上司不願人知的隱私也去刺探，甚至為表示親近關係還四處張揚。或者不看別人臉色，到別人家裡一坐就是半天，喋喋不休，占用上司已安排好的時間。這些交往的分寸若不掌握好，就不會有真正的交往。

愛是溝通人際的橋梁

我要講一個真實的故事——

美國一位大學教授和他的學生來到黑人貧民窟做調查研究，其中有一個課題是預測該地區的兩百五十名黑人孩子將來的前途。學生們認真地做著報告，幾天後，報告的結果出來了，但這份報告令教授憂心忡忡。學生們在報告中預測，這兩百五十名黑人孩子將來無所作為，只能成為社會的負擔。

三十年後，教授去世了，他的一位舊同事從他的檔案中發現了當年那份報告。這位同事在好奇心的驅使下，來到了當年的黑人貧民窟。他看到，事實並沒有如報告的結果那麼令人沮喪，相反的，發生的一切讓這位同事佩服得五體投地。原來調查的兩百五十名黑人孩子中，除了十八個人因事離開故土無最新消息外，其餘的兩百三十二人都成就斐然，他們當中有的人成為銀行家，有的人成為大律師，有的人成為企業家，有的人成為了著名影星。

教授的同事逐一採訪了這兩百三十二個人，追問他們何以能成功？這些人說得最多的是：「應該感謝我們的小學教師。」同事費盡周折找到了那位小學教師，此時，她已是白髮蒼蒼的老人，說話不太清楚，可是有一句話同事能聽懂：「I love these children（我愛這些孩子）。」

愛人者，人恆愛之；敬人者，人恆敬之。愛是一種活動的情感，不是靜止的物體。愛是我們生活中一種很特殊的經驗，要想擁有它，最好的辦法是把它施捨給別人。誠如法國哲學家居友所說：「我們每個人都有很多的同情、很多的愛心，比維持我們生存所需要的還多，我們應該把它施捨給別人，這就是生命開花。」

孔子說：「仁者愛人。」一個人富有寬博的愛心，自然能夠設身處地為別人考慮問題。愛，不僅僅侷限於通常的情愛。寬容大度，給別人多一點同情和理解，也是一種愛。《聖經》中說：「愛是恆久忍耐，又是恩慈。愛是不嫉妒，愛是不自誇，不張狂，不做害羞的事，不求自己的益處，不輕易發怒，不計算人的惡，不喜歡不義，只喜歡真理。

凡事包容，凡事相信，凡事盼望，凡事忍耐，愛是永不止息。」有位基督教徒保羅曾說：「如今常存的有信、有望、有愛。這三樣中，愛是最偉大的。」可見，讓世界充滿愛，無論東西南北，無論是中國孔子的仁愛，還是西方耶穌的愛，都是人類作為群體、發自內心深處的呼喚。

愛從來都是相互的，仁愛之中的仁字，表明愛絕非單一的載體。施愛於對方，愛就成為一種情感力量，推動主體心靈的昇華；而受愛者所領略的，是人世間最純淨無私的心靈奉獻和情緒渲染，在這種情況下，他也會施愛於人的。所以，愛是溝通人際的橋梁，也是和諧人際的仲介。

愛心永恆

感動別人，是帶著誠摯對美好的奉獻；被人感動，是懷著純真對美好的享受。奉獻愛心，是對人格的昇華；享受愛心，是對靈魂的淨化。

我在一本雜誌上讀到了一篇標題為《愛心可以永恆》的文章，當我讀完之後，心頭感到沉甸甸的厚重：

有一名礦工進入礦場挖煤礦時，一不小心敲到啞炮上。啞炮響了，礦工當場被炸死。因為礦工是臨時工，所以礦場只發放了一筆撫恤金，從此不再過問礦工妻子和兒子以後的生活。

悲慟欲絕的妻子在喪夫之痛後又面臨來自生活上的壓力，她無一技之長，只好收拾行李準備回到位於閉塞山村的老家去。這時礦工的隊長找到了她，告訴她說礦工們都不愛吃礦場提供的早飯，建議她在礦場附近擺個小攤，賣些早點，一定可以維持生計。礦工妻子想了一想，便點頭答應了。

於是一輛手板車往礦場一擺，餛飩攤就開張了。十五元一碗的餛飩湯熱氣騰騰，開張第一天就來了十二個人。隨著時間的推移，吃餛飩的人越來越多，最多時可達二三十人，而最少時從未少過十二個人，而且風霜雨雪從不間斷。

時間一長，許多礦工的妻子都發現自己的丈夫養成了一個雷打不動的習慣：每天進入礦坑前必須吃上一碗餛飩。妻子們百般猜疑，甚至採用跟蹤、質問等種種方法來探求究竟，結果均一無所獲。有的妻子甚至故意做好早飯給丈夫吃，卻發現丈夫仍然去餛飩攤吃上一碗餛飩。妻子們百思不得其解。直到有一天，隊長挖煤礦時也不幸被啞炮炸成重傷。在彌留之際，他對妻子說：「我死之後，妳一定要接替我每天去吃一碗餛飩。這是我們隊上十二個兄弟的約定，自己的兄弟死了，他的老婆孩子，咱們不幫誰幫。」

從此以後每天的早晨，在眾多吃餛飩的人群中，又多了一位女人的身影。來去匆匆的人流不斷，而時光變幻之間，唯一不變的是不多不少的十二個人。

時光飛逝，當年礦工的兒子已長大成人，而他飽受苦難的母親兩鬢花白，卻依然用真誠的微笑面對著每一個前來吃餛飩的人，那是發自內心的真誠與善良。更重要的是，前來光臨餛飩攤的人，儘管年輕的代替了年老的，女人代替了男人，但從未少過十二個人。穿透十幾年歲月滄桑，依然閃亮的是十二顆金燦燦的愛心。

有一種承諾可以海枯石爛，而用愛塑造的承諾，穿越塵世間最昂貴的時光，十二個共同的秘密其實只有一個秘密：愛心可以永恆。

人活在世界上，最重要的是要有愛人的能力，而不是被愛。我們不懂得愛人，又如何能被人所愛？我們之所以對生命做不到深刻透徹的認識，總認為做人難，是我們還沒有意識到愛人的快樂，人與人都是以心交心，以心換心的。有一顆愛人的心，自然會被人所愛。

做人有愛心，你就不會害「紅眼病」，不會嫉恨別人，不會嫉妒別人，能坦誠地肯定別人的功勞和自己的過失。即使是自己的功績，你也會很謙虛地認為這是屬於大家的，面對應當承擔的責任，你也不會退後，不做縮頭的烏龜。

做人有愛心，你就不會去計較那些功名得失，心裡坦蕩蕩，像一汪碧泉，清澈晶瑩。

做人有愛心，你必定樂觀、豪爽。總是用微笑來驅散生活中的痛苦和眼淚，如果成功路上有一千個理由讓你哭泣，那麼，你會堅信，成功路上更有一千零一個理由讓你微笑。

做人有愛心，你就是幸福的人。在你的周圍，愛的光輝普照。雖然你並不是為企求回報而付出，但你的的確確會得到更多、更濃的愛的回饋。

德蘭修女的樂善好施

如果一個人能夠用愛心無償地給予別人服務和幫助，他的生命一定閃爍著光彩，充滿著喜悅和快樂。

從前有個國王，非常寵愛他的兒子。這位年輕的王子，過著飯來張口，茶來伸手的日子，要什麼有什麼。可是，他從來沒有開心地笑過一回，每天都是愁眉緊鎖、鬱鬱寡歡的樣子。

有一天，一位魔術師走進皇宮對國王說，他能讓王子快樂起來。國王興奮地說：「如果你能辦成這件事，宮裡的金銀財寶隨便你拿。」

魔術師帶著王子進入一間密室，他用白色的東西在一張紙上塗了些筆劃，然後交給王子，並囑咐他點亮蠟燭，看紙上會出現什麼。說完，魔術師便離開了。

年輕的王子在燭光的映照下，看見那些白色的字跡化作美麗的綠色，變成這樣幾個字：「每天為別人做一件善事。」王子依此去做，不久之後他果然成為了一位快樂的少年。

人之所以生活得快樂、有意義、有豐足感，是因為他能奉獻，而不是處心積慮地想要占有。而且只要你願意，每個人都能做到「奉獻」這一點。有智慧的人奉獻智慧，沒有智慧的人奉獻體力，沒有體力的人奉獻財物，沒有財物的人奉獻技術，沒有技術的人奉獻言語，沒有言語的人奉獻微笑，沒有微笑的人奉獻祈禱。每個人都能盡一己之力服務人群，不僅利己，並造福社會。

曾獲諾貝爾和平獎，受全世界敬仰的德蘭修女，由於和英國平民王妃黛安娜的死期接近，所以有人將她們兩人相提並論，但她們卻是兩個截然不同的類型。德蘭修女沒有黛妃的風華絕代，她個子瘦小，相貌普通；她有的，是一顆美麗的愛心。

黛妃在衛生、安全的醫院裡和愛滋病人握手，會有記者拍下照片刊登在報章雜誌上，讓人歌頌她的愛心；可德蘭修女卻不知多少次在污穢、骯髒的街道擁抱那些患皮膚病、傳染病，甚至周身流膿的垂死病人，把他們帶回自己的住處，照顧他們，安葬他們，讓人們享受她無私大愛的奉獻。

許多人一談到德蘭修女，都說她是個偉大的人，和她相比，自己實在太渺小了。可德蘭修女卻說：「我們都不是偉大的人，但我們可以用偉大的愛來做生活中每一件平凡的事。」

德蘭修女不曾像耶穌那樣叫死人復活，讓每一個看到的人都感到驚奇；她不曾用五餅二魚餵飽五千人，令人跟在後頭擁護她；她不曾鬧過令天地變色的社會革命，讓一個國家發生翻天覆地的變化。德蘭修女所做的，是每一個普通人都有能力做到的事：照顧垂死的病人，為他們洗腳、擦身，當他們被別人踐踏如塵的時候，還給他們做人的尊嚴，僅此而已。

或許，我們做人的境界還沒有達到德蘭修女這樣的高度，但是我們如果常存樂善好施、成人之美的好心，這個世界又會減少多少憂傷和怨嘆。

索取與付出

有一則寓言故事，蘊涵了深刻的做人哲理。

趙秀才與錢商人死後一起來到地獄，閻王看過功德簿後對他們說：「你們兩人前生沒有做什麼壞事，我特准你們來生投胎做人。但現在只有兩種做人的方式讓你們選擇，一種是做付出的人，一種是做索取的人。也就是說，一個人需要過付出、給予的人生，一個人需要過索取、接受的人生。」閻王說完，便讓趙秀才和錢商人慎重考慮後再做選擇。

趙秀才心想，前世我的日子過得並不富裕，有時還填不飽肚子，現在准許可以在來生過著索取接受的生活，也就是吃、穿都是現成的，我只要坐享其成就行了，那樣不是太舒服了嗎？想到這裡，他第一個說道：「我要做索取的人。」

錢商人看到趙秀才選擇了來生要過索取、接受的人生，自己只有付出、給予這條人生之路，沒有別的選擇，他想到自己前生經商賺了一點錢，來生就把它們都施捨出去吧。於是，他心甘情願地選擇了過付出、給予的生活，做一個付出的人。

閻王看他們選擇完了，當下判定兩人來生的命運：「趙秀才甘願過索取、接受的人生，下輩子做乞丐，整天向人索取飯食，接受別人的施捨。錢商人甘願過付出、給予的人生，下輩子做富豪，行善佈施，幫助別人。」

一個人在選擇人生時，其實也在選擇態度。態度決定一切！誰懂得付出與給予，他的人生結局總不會太壞。

付出、給予，這是我們立身成人之本。我們懂得付出，就永遠有可以付出的資本；我們貪圖索取，就永遠有必須索取的企求。付出越多，收穫越大；索取越多，收穫越小。人生就是由這樣一種慣性趨勢操縱著，我們生存在什麼樣的狀態下，這種狀態就會像滾雪球似的，越滾越大。只要我們養成付出、給予的習慣，我們就會擁有越來越多可供付出、給予的資本。

《李嘉誠談做人・做事・做生意》一書中展示了李嘉誠這位「千億富豪」的拳拳愛國家、愛人民之心。李嘉誠說得最多的一句話就是：「錢來自社會，應該用於社會。」他在取得巨大的物質財富之後，便積極推行有利於國家和人民的慈善事業。為了替他在大陸的家鄉人民做一點事情，李嘉誠在百忙之中，親自在汕頭選擇校址購地建立汕頭大學，他出資數億港元為學校購置最現代化的設備，還物色教授，捐贈大量的電子教學儀器。

子曰：「窮則獨善其身，達則兼善天下。」因為我們的付出和給予，為他人造就了幸福和快樂，而這種幸福和快樂，最終也會降臨到我們自己的身上。

多一點人情味

愛心，在口語中可以理解為「多點人情味兒」。有個朋友想跳槽，希望我能介紹工作給他做。我和他面試時，發現他原來的公司工作還可以，薪水也不低，應該還是有發展的機會，怎麼會想到要跳槽呢？當我把這疑問很坦白地說出來後，年輕人的回答也很乾脆，「因為缺乏人情味。」

做人要有人情味。有人情味的人，能瞭解別人的想法，會設身處地為他人著想，甚至可以犧牲自己的利益。人情味並不需要花費很多的錢，不需要高雅的情調，不需要華麗的包裝，簡簡單單的一個笑容、一句問候、一杯清茶，就足以感動人心。

生活中不少人抱著「有事有人，無事無人」的態度，把朋友看成受傷後的拐杖，身體康復後便隨手扔掉。這種人大多數會被別人拋棄，沒有人願意再給他幫忙；他有能力去幫助人時，大概也不會有人願意領情。

我認識一位環保志工，她曾經講過一個小故事：她有一位高中同學，兩人十分要好，考入同一所大學後，同學當上了系學會的幹部。有人說地位高了，人就會變。那位同學上任後，見到她，有時乾脆裝作沒看見，日子久了，兩人關係也就疏遠了。但那位同學有時也會突然向她尋求幫助，出於朋友一場，她總是盡心盡力地盡其所能，可事後同學又犯了老毛病，令她有種被利用的感覺，卻無奈她總是心太軟，不好公開說「不」。

就這樣，那位同學大事小事都找她，其他朋友都勸她放棄這份友情，認為這種人不值得交往。當她下決心不再理會那位同學的請求時，那位同學傷心地流下眼淚哭道：「我除了妳什麼朋友也沒有了。」

一個沒有人情味的人，是永遠也無法瞭解「幫助」這個看似簡單，實則微妙的人情關係術的豐富內涵。比如說，給人幫助不能過分挑明，以免傷人自尊；施恩於人不可一次過多，否則會成為對方的負擔，雙方關係難再維持。

做人要有人情味。真正的成功者，都是最懂得順應人情的人。要善於調整與運用自己的感受去觀察、體貼別人，從而及時修正生活中的種種關係。心直口快未必就是好，心直口快者倘若被人當眾數落一頓，也會尷尬難堪，若是別人數落錯了，更會氣憤難平。那麼他就不該以自己的性格或脾氣為藉口，讓這樣的尷尬頻繁地落到他周圍朋友的頭上。談自己的看法，完全可以採取不同的方式，並不是不要、不准你談，喜歡做一個透明度高的人，固然是好，不過，能夠做得別人都欣賞你，不是更好？

要讓人覺得有人情味，不要有「只一次」交往的心態和行為。在某些凡事講求實際、實用、實效的人物眼中，所謂的人情，就是你送我一包煙，我給你幾十塊錢的等價交換，更像殺人償命，欠債還錢，概不賒欠的原則。這種只有一次的交往外表看來灑脫、不拖泥帶水，裡面實則包含了太多的困惑。

當人家確實有困難而無能為力的時候，儘管你已經幫助過他，儘管他深知欠你人情而不好意思向你開口，但作為知情者，你不應無動於衷，不妨再次主動伸出援助之手。事實上，這種行為最容易贏得人情效應，即使對方一時無力給你回報，但你的高風、你的人品，已被更多的人所知曉。

要讓人覺得有人情味，與別人在一起時，要多泡點苦水。所謂的泡苦水，也就是同舟共濟，心往一處想，力往一處使。人們在一起共事，共同的命運把大家連在一起，只要採取合作態度，互相支持、幫助、關照，是容易產生感情認同的。尤其在困難時期，彼此相依為命，共渡難關，不問時間長短，可能一輩子都會刻骨銘心地記著。

幫助他人也要有技巧

我們在社會上做人，都需要好的人際關係，都希望跟別人相處融洽，建立好的友誼，溝通意見，互信互助。人際關係處理得順手的人，我們稱他的人緣好。人緣好是社會生活的基礎，是事業成功的要件，是創造輝煌的平台。

擁有好人緣的人，一定會是一個有愛心的人，好人緣的基本特點是當別人遇到困難，需要你幫一把時，你會毫不猶豫的伸出手，不圖回報。

不過幫助別人也離不開技巧，例如：一位身障人士坐在輪椅上正要上坡，但因坡度較大，他費了很大的勁也沒上去。好心的你走上前想幫助他，告訴他該怎樣用力。你不知道，他此時最需要的，是你從後面推他一把，讓他順利通過這段道路。

所以當你想幫助某個人時，你要注意具體方法，如何幫助他，才能使他真正得到你的幫助。

1. **幫助別人，要堅持不懈**：不能一時風，一時雨，憑自己的興致來做。也不要這也幫那也幫，不高興的時候就誰都不幫。做一件好事並不難，難的是一輩子做好事，不做壞事，這種境界是很難達到的。現代社會，在金錢的誘惑衝擊之下，很多人的一舉一動都只有考慮著自己的利益，不願幫助別人，若要堅持不懈地幫助別人更是空談。

2. **幫助別人，不要居功自傲**：幫助時應注意，不要使對方覺得接受你的幫助是一種負擔；幫助別人要做得自然得體，也就是說在當時對方或許無法強烈的感受到，但是時日越久越能體會到你對他的關心，能夠做到這一點是最理想的。幫助他人時要高高興興，不可以有心不甘情不願的心情，如果你在幫忙的時候覺得很勉強，潛意識裡存在著「這是為對方而做」的觀念，假如對方對你的幫助毫無反應，你一定大為生氣，認為「我這樣辛苦地幫你，你還不知感激，太不識好歹、太不會做人了！」如此態度甚至想法，請千萬不要表現出來。

如果對方也是一個能為別人考慮著想的人，你為他幫忙的各種好處，絕不會像潑出去的水一樣難以回收，他一定會用別的方式來回報你。

人不是刺蝟，難以合群；人是情感動物，需要彼此的互愛互助，若一口一個「有事嗎？」「你幫了我的忙，下次我一定幫你。」忽視了感情的交流，會讓人興味索然，彼此的交情也維持不了多長的時間。

人性貴善

曾經有一位西藏高僧，他每天打坐的時候，都要在面前放下一黑一白兩堆小石子。用大師的話說，黑白石子代表自己的善惡兩念。善念萌生時，他會拿一顆白石子放在一邊；惡念萌生時，他會拿一顆黑石子放在另一邊。最初，大師檢點時發現，黑石子多，白石子少。每當這時，大師會打自己的耳光，痛哭自責說：「你在苦海裡輪迴，難道還不知應該要悔過嗎？」四十多年過去了，大師手下全部變成白石子了。最終，大師修成了菩提道。

向善之心，人皆有之。人能向善，才能使自己趨於美好；人能為善，人的世界才能趨於美好。

一個人要做好人很難，要做壞人極易。劉備曾教導他的兒子劉禪說：「莫以善小而不為，莫以惡小而為之。」善良是一種巨大的力量，任何力量都不如善良的力量大。善良並不體現在你送給他人的禮物上，而是出自於你誠摯的心。有的人能從錢包裡掏錢出來送給別人，但他的心卻是冰冷漠然。用錢財表現出來的好心不僅不可靠，而且往往會帶來負面影響。

海倫．凱勒一生下來便是聾啞盲人，世上所有的不幸全都降臨在她身上，她失去了和周圍的人進行正常溝通的能力，只有當她的觸覺幫助她把手伸向別人時，她才會體驗到愛人與被愛的幸福。最後，一位虔誠而偉大的教師沙利向海倫伸出了友愛之手，使這位不幸的女孩也成了一位快樂、幸福及成就卓越之人，並且令許多正常之人也無法企及。

海倫．凱勒曾經這麼寫道：「任何人出於他善良的心，說一句有益的話，發出一次愉快的笑，或者為別人鏟平不平的道路；這樣的人就會感到他的歡欣是他自身極其親密的一部分，以致使他終生追求這種歡欣。」

在猶太人中流傳著這樣一則故事：

一名中年婦女中午在家門口碰到三位老人。她上前對老人們說：「你們一定餓了，請進屋裡吃點東西吧！」

「我們不能一起進屋。」老人們說。

「為什麼？」中年婦女不解。

一位老人指著同伴說：「他叫成功，他叫財富，我叫善良。妳現在進屋和家人商量一下，看看需要我們當中哪一位？」中年婦女進屋和家人商量後，決定把善良請進屋。她出來對老人們說：「善良老人，請到我家來做客吧。」善良老人起身向屋子走去，另兩位叫成功和財富的老人也跟進來了。

中年婦女感到奇怪，問成功和財富，「你們怎麼也進來了？」

老人們異口同聲地回答，「哪裡有善良，哪裡就有成功和財富。」

瞭解萬歲

有一家著名的美容院，最近正被一個員工的蠻橫所困擾著。心怡在美容院裡已經做了近三年，是元老之一，也是技術最好、設計造型最漂亮的美容師——正因為這一點，老闆才一忍再忍，不捨得開除她。因為每天至少有三分之一的老顧客是衝著她來的。

然而這三年來，心怡一直在給美容院惹麻煩，她脾氣暴躁，經常摔東西，動不動就與其他同事大吵大鬧，甚至動手，有時還會無故得罪顧客。老闆對此常常怒不可遏，卻又無計可施，畢竟再找一個像心怡這樣技術好的美容師不容易，因此，老闆萬般無奈。

同事淑珍是個善解人意的人，堅持認為心怡目前的狀況一定是有原因的，並對心怡給予理解和同情，於是她逐漸地瞭解有關心怡的情況，例如她的生活背景、需求、擔憂和煩惱，還有她在工作及家庭中所遭受的失意和挫折，她面臨的狀況是否也會使我們大多數人不悅……等等多方面的資訊。

獲得了心怡的一些相關資料後，淑珍吃驚地發現，她竟瞭解那麼多有關心怡的事情，可以前她卻覺得心怡簡直是個謎，大家與心怡之間根本永無溝通之日。

淑珍蒐集彙整的資料如下：

1.心怡被一個她認作姑姑的人撫養長大。她也許不是她的媽媽。她對他的父親一無所知。傳言心怡的「姑姑」有一串同居的男朋友，其中有些還會施虐。

2.心怡住在一幢公寓裡，裡面住著許多問題家庭。

3.心怡患有氣喘，並且經常曠職。

4.她在美容院裡沒有朋友，男同事都不喜歡她。她對女同事懷有惡意，她們也都迴避她。

5.週末休息時老闆常常把心怡留下來加班。（這使得她沒什麼機會和其他人交朋友！）

6.當老闆偶爾給心怡額外的事情做時，她也能幫上忙，儘管她需要不時地督促。

7.心怡不誠實、不可捉摸、具有攻擊性，而且大多時候極為討厭（如果你是像她那樣被撫養大的，你說不定會更糟）。但她也是脆弱的、困惑的、不幸的。她有動人的微笑，並且有時會帶給大家令人感動的小禮物。

當淑珍和同事們冷靜地看待心怡的情況時，也就能夠理解她的表現了。她們清楚地看到，她們可以做些事情來幫助心怡。比如：

1. 不再讓別人責備心怡的既有個性。顯然，她對她自己的大多數缺點沒有責任。
2. 當她因為氣喘而曠職時，幫她跟老闆爭取不要扣她的薪水。
3. 創造機會給她的工作打好分數，並適時地表揚她。
4. 勸說老闆不在週末休息時扣留她，給她更多機會與其他人打成一片，勸說其他同事一起善待她。

以上這些行動，雖然不會讓心怡在一夜之間改變對大家的態度，但是淑珍確信這是重要的一步。幾週以後她發現，同事間的情況大有好轉，心怡對這些善意做出了反應，她的情緒變好了，同時也更合作、更樂於助人了。老闆對她友好的關注，使她在同事心目中更有地位，她變得不那麼有攻擊性了。

大家都認識到，心怡因為在家中受到忽視，極需受到注意，卻不知道該怎樣表現才好，只好一直靠搗亂來贏得注意，現在大家創造機會讓她因為表現好而得到注意。

從心怡的轉變表明，理解可以促進雙方相互體諒與溝通，進而達到團結難相處的同事、保全工作大局的目的。若不願意費心去理解難相處的同事，結果不但會使他的生活更困難，也會使我們自己的生活更糟糕。一旦你瞭解了他，就容易在心理上溝通、在感情上親近，那麼，與難相處同事間的交往也就會輕鬆愉快了。

人是複雜的，不論在什麼情況下，每個人都渴望別人理解自己。不瞭解他人的同事很難與別人團結一致，不被他人瞭解的同事，也很難掙脫孤獨和苦悶的陰影。

「瞭解」是人際活動中的基本要求，也是達成良好溝通的重要環節。全面展現自己瞭解他人的能力和素質，你就能保持人際關係的和諧。大家相處融洽，合作起來也就事半功倍了。

溝通
沒有解不開的結

作　　者　孫大為

發 行 人　林敬彬
主　　編　楊安瑜
責任編輯　李彥蓉
美術編排　帛格有限公司
封面設計　101廣告影像有限公司

出　　版　大都會文化事業有限公司　行政院新聞局北市業字第89號
發　　行　大都會文化事業有限公司
110台北市信義區基隆路一段432號4樓之9
讀者服務專線：(02)27235216
讀者服務傳真：(02)27235220
電子郵件信箱：metro@ms21.hinet.net
網　　　址：www.metrobook.com.tw

郵政劃撥　14050529 大都會文化事業有限公司
出版日期　2009年11月初版一刷　2012年6月初版三刷
定　　價　220元
ISBN　978-986-6846-81-6
書　　號　Growth-031

4F-9, Double Hero Bldg., 432, Keelung Rd., Sec. 1,
Taipei 110, Taiwan
Tel:+886-2-2723-5216　Fax:+886-2-2723-5220
Web-site:www.metrobook.com.tw
E-mail:metro@ms21.hinet.net

大都會文化 METROPOLITAN CULTURE

國家圖書館出版品預行編目資料

溝通：沒有解不開的結 / 孫大為著. -- 初版. -- 臺北市：大都會文化, 2009.11
面；　公分. -- (Growth；031)

ISBN 978-986-6846-81-6 (平裝)

1. 溝通　2. 溝通技巧　3. 人際關係

177.1　　98018757

大都會文化　讀者服務卡

書名：**溝通──沒有解不開的結**

謝謝您選擇了這本書！期待您的支持與建議，讓我們能有更多聯繫與互動的機會。

A. 您在何時購得本書：_____年_____月_____日

B. 您在何處購得本書：__________書店，位於__________(市、縣)

C. 您從哪裡得知本書的消息：

1.□書店　2.□報章雜誌　3.□電台活動　4.□網路資訊

5.□書籤宣傳品等　6.□親友介紹　7.□書評　8.□其他

D. 您購買本書的動機：（可複選）

1.□對主題或內容感興趣　2.□工作需要　3.□生活需要

4.□自我進修　5.□內容為流行熱門話題　6.□其他

E. 您最喜歡本書的：（可複選）

1.□內容題材　2.□字體大小　3.□翻譯文筆　4.□封面　5.□編排方式　6.□其他

F. 您認為本書的封面：1.□非常出色　2.□普通　3.□毫不起眼　4.□其他

G. 您認為本書的編排：1.□非常出色　2.□普通　3.□毫不起眼　4.□其他

H. 您通常以哪些方式購書：(可複選)

1.□逛書店　2.□書展　3.□劃撥郵購　4.□團體訂購　5.□網路購書　6.□其他

I. 您希望我們出版哪類書籍：（可複選）

1.□旅遊　2.□流行文化　3.□生活休閒　4.□美容保養　5.□散文小品

6.□科學新知　7.□藝術音樂　8.□致富理財　9.□工商企管　10.□科幻推理

11.□史哲類　12.□勵志傳記　13.□電影小說　14.□語言學習（____語）

15.□幽默諧趣　16.□其他

J. 您對本書(系)的建議：

____

K. 您對本出版社的建議：

____

讀者小檔案

姓名：__________ 性別：□男　□女　生日：____年____月____日

年齡：□20歲以下 □21～30歲 □31～40歲 □41～50歲 □51歲以上

職業：1.□學生 2.□軍公教 3.□大眾傳播 4.□服務業 5.□金融業 6.□製造業

7.□資訊業 8.□自由業 9.□家管 10.□退休 11.□其他

學歷：□國小或以下 □國中 □高中／高職 □大學／大專 □研究所以上

通訊地址：____________________

電話：（H）__________（O）__________ 傳真：__________

行動電話：__________ E-Mail：____________________

◎謝謝您購買本書，也歡迎您加入我們的會員，請上大都會文化網站 www.metrobook.com.tw 登錄您的資料。您將不定期收到最新圖書優惠資訊和電子報。

溝通
沒有解不開的結

北區郵政管理局
登記證北台字第9125號
免 貼 郵 票

大都會文化事業有限公司

讀 者 服 務 部 收

110台北市基隆路一段432號4樓之9

寄回這張服務卡〔免貼郵票〕
您可以：
◎不定期收到最新出版訊息
◎參加各項回饋優惠活動